ストーリーでみる
破産事案における事業譲渡の実務

野村　剛司 ［監修］

田口 靖晃／林 祐樹／吉原 秀 ［編］

一般社団法人 金融財政事情研究会

はじめに

　本書で取り上げる、スポンサーに事業譲渡したうえで破産するという事案の処理方法は従前からありましたが、新型コロナウイルス感染症（COVID-19）が世界中に蔓延した、いわゆるコロナ禍を経たわが国において、現実的かつやむを得ない選択肢として浮上してきました。

　2021年までは、政府が主導する各種コロナ対策により倒産が抑制されていましたが、2022年以降、倒産事件は増加に転じ、いまも増加傾向が続いています。この倒産抑制は、コロナ対策のための融資やリスケジュール、公租公課の延納措置などのさまざまな資金繰り支援が功を奏したものと思われますが、業績が回復しないまま融資の返済が開始し、リスケジュールや公租公課の納付猶予措置が終われば、企業は資金繰りに窮し、たちまち倒産の危機に瀕することとなります。また、コロナ禍の影響で各事業者の体力も低下し、スポンサー候補者の探索が難しくなりつつあり、仮にスポンサー候補者が現れても、優先する債権を賄えるだけの支援金額の提示を受けられず、私的整理や民事再生、特別清算による処理ができずに破産に至る事案の増加が予想されるところです。このような場合、スポンサーに事業譲渡したうえで破産すること（あるいは申立代理人が事前に関係者間の調整や事実上の条件のすりあわせなどを行い、保全管理人や破産管財人が事業譲渡を実行すること）が考えられ、これを迅速かつ適切に実現することが重要となります。

　本書のもとになる連載として、「連載　破産事案における事業譲渡の活用」を事業再生と債権管理173号（2021年）から180号（2023年）まで全8回にわたり掲載していただきました。その前に姉妹編ともいえる「連載　若手弁護士必読　基礎からわかる法人破産申立て」を事業再生と債権管理161号（2018年）から172号（2021年）まで全12回にわたり掲載いただき、『ストーリー　法人破産申立て』（金融財政事情研究会、2022年）として書籍化していただきました。このなかでは、適正・迅速な法人破産申立てを取り上げましたが、今回は、破産等の清算型の手続しか選択できない場合であっても、そ

はじめに　*1*

の法人の事業の全部又は一部を残すことができないか、具体的には、事業譲渡等を行うことで事業を生かしつつ、法人については破産等の申立てを適正・迅速に行う、という場面を取り上げています。

破産手続を利用した事業再生の観点は、筆者編著の『法人破産申立て実践マニュアル［第2版］』（青林書院、2020年）や『実践フォーラム　破産実務［補訂版］』（青林書院、2024年）においても重要視しましたが、さらに具体的にイメージできるものを提供したいというのが本書です。メッセージとしては「正しく理解し、過度に萎縮せず、合理的な説明がつくように行動しよう」ということです。

本書は、大きく5部構成となっています。第1部で破産であっても事業を残すことができる、すなわち事業再生の可能性があることを認識していただき、第2部の3つのストーリーを読むことで、破産事案における事業譲渡の実務を具体的にイメージしていただけると思います。そして、第3部のテーマ解説で個別の問題点や留意点を確認し、第4部の座談会で感覚の共有を目指しています。第5部の参考書式では、実践的な書式を紹介していますので、参考にし、事案に応じて適宜修正してご利用ください。

本企画の執筆者は、私が主宰する「なのはな勉強会」のメンバーで、その多くは、『法人破産申立て実践マニュアル［第2版］』の執筆者でもあります。なのはな勉強会は、2012年1月に始めた、同志社大学法科大学院、神戸大学法科大学院、大阪大学法科大学院の教え子と司法修習を担当した修習生を中心にした勉強会で、最近は立命館大学法科大学院の教え子も加わり、今年で14年目となりました。理論の裏打ちを前提とする、実務的な感覚の共有を図る場として継続的に開催していきたいと考えております。

書籍化にあたっては、連載時の執筆者のうち田口靖晃弁護士、林祐樹弁護士、吉原秀弁護士の3名が中心となって編集作業を担い、参考書式の作成協力者として西村香織弁護士と松浦奨弁護士が加わりました。

最後に、本企画を快くお引き受けいただいた一般社団法人金融財政事情研究会と連載から本書の編集までご担当いただいた事業再生と債権管理の編集長柴田翔太郎氏に感謝申し上げます。また、執筆者とはなっていませんが、

数多くの意見や情報を提供いただいた「なのはな勉強会」のメンバーにも感謝します。

2025年2月

弁護士　野　村　剛　司

著者紹介

(2025年3月現在)

■監修者・執筆者

野村　剛司（弁護士）

1993年東北大学法学部卒業。1998年弁護士登録（大阪弁護士会）。2003年なのはな法律事務所開設。2023年から日本弁護士連合会倒産法制等検討委員会副委員長、2022年から全国倒産処理弁護士ネットワーク専務理事。2014年から2016年まで司法試験考査委員（倒産法担当）。

共著として、『破産管財実践マニュアル［第2版］』、『法人破産申立て実践マニュアル［第2版］』、『実践フォーラム　破産実務［補訂版］』、『民事再生実践マニュアル［第2版］』、『実践　経営者保証ガイドライン［補訂版］』（以上、青林書院）、『未払賃金立替払制度実務ハンドブック［第2版］』（金融財政事情研究会）、『基礎トレーニング倒産法［第2版］』（日本評論社）、『倒産法講義』（日本加除出版）ほか多数。単著として、『倒産法』、『倒産法を知ろう』（以上、青林書院）。

〒530-0047　大阪市北区西天満4-3-4　御影ビル2階
なのはな法律事務所　（TEL：06-6311-7087）

■編者・執筆者（＊印は編者兼執筆者）

田口　靖晃（弁護士）＊

〒730-0031　広島市中区紙屋町2-2-2　紙屋町ビル8階
弁護士法人三浦法律事務所広島オフィス　（TEL：082-258-5481）

林　祐樹（弁護士）＊

〒542-0081　大阪市中央区南船場4-3-2　ゼント心斎橋5階
共栄法律事務所　（TEL：06-6222-5755）

吉原　秀（弁護士）＊

〒530-0017　大阪市北区角田町8-1　大阪梅田ツインタワーズ・ノース36階
TMI総合法律事務所大阪オフィス　（TEL：06-6311-0577）

久米　知之（弁護士）

〒651-0087　神戸市中央区御幸通6-1-20　GEETEX ASCENT BLDG 7 階
神戸H.I.T.法律事務所　（TEL：078-200-3066）

西村　一彦（弁護士）

〒524-0022　滋賀県守山市守山6-1-1　ナチュラルビル201
くすのき法律事務所　（TEL：077-514-2175）

福田　俊介（弁護士）

〒541-0044　大阪市中央区伏見町2-1-1　三井住友銀行高麗橋ビル 6 階
フォアフロント法律事務所大阪事務所　（TEL：06-6226-7127）

赤木　翔一（弁護士）

〒541-0041　大阪市中央区北浜2-5-23　小寺プラザ12階
弁護士法人関西法律特許事務所　（TEL：06-6231-3210）

河端　　直（弁護士）

〒530-0047　大阪市北区西天満2-3-15　千都ビル 2 階
弁護士法人なにわ共同法律事務所　（TEL：06-6363-2191）

冨田　信雄（弁護士）

〒541-0041　大阪市中央区北浜2-5-23　小寺プラザ12階
弁護士法人関西法律特許事務所　（TEL：06-6231-3210）

土井　一磨（弁護士）

〒530-0005　大阪市北区中之島2-3-18　中之島フェスティバルタワー27階
弁護士法人大江橋法律事務所　（TEL：06-6208-1500）

■協力者

西村　香織（弁護士）

〒103-0004　東京都中央区東日本橋2-7-1　FRONTIER東日本橋 3 階
弁護士法人LEON　（TEL：03-6803-5171）

松浦　　奨（弁護士）

〒541-0041　大阪市中央区北浜2-3-9　入商八木ビル 2 階
堂島法律事務所　（TEL：06-6201-0444）

目　次

第1部
破産手続併用型事業譲渡のプロローグと総説

プロローグ………………………………………………………………………2

総　説……………………………………………………………………………4

 1 破産の場合でも事業を残す余地はある……………………………4

 2 事業を残すメリット…………………………………………………4

 3 申立代理人・破産管財人に求められる姿勢……………………5

 4 申立代理人が検討すべき事項の全体像……………………………5

  ⑴ 基本的視点…………………………………………………………5

  ⑵ 譲渡先の選定………………………………………………………6

  ⑶ 譲渡対価の適正性（相当性）…………………………………7

  ⑷ 譲渡対象の合理性…………………………………………………7

  ⑸ 事業譲渡までのスケジュールの検討…………………………8

  ⑹ 譲渡に係る手続の検討……………………………………………8

  ⑺ 各ステークホルダーへの対応…………………………………9

  ⑻ 破産申立て段階における適切な説明…………………………9

第2部
ストーリー別にみる「破産手続併用型事業譲渡」

第1章　スタンダードな事案～ナノハナ衣料のストーリー～………12

 1 20XX年1月6日（ナノハナ衣料との初回相談後）…………………12

2　20XX年 2 月 7 日（ナノハナ衣料との初回相談から約 1 か月後）………16

3　20XX年 2 月14日（その 1 週間後）……………………………………20

4　20XX年 3 月30日（Ｘデー 3 か月前）…………………………………20

5　20XX年 4 月14日（Ｘデー 2 か月半前）………………………………22

6　20XX年 4 月21日（ナタネ縫製との打ち合わせ前日）………………25

7　20XX年 4 月28日（Ｘデー約 2 か月前）………………………………27

8　20XX年 5 月15日（Ｘデー約 1 か月半前）……………………………29

9　20XX年 5 月31日（Ｘデー 1 か月前）…………………………………30

10　20XX年 6 月29日（事業譲渡前日）……………………………………34

11　20XX年 6 月30日（事業譲渡日＝Ｘデー）……………………………36

12　20XX年 7 月 1 日（Ｘデー翌日）………………………………………38

13　20XX年 7 月 3 日（裁判所での事前相談）……………………………38

14　20XX年 7 月 4 日（破産管財人との打ち合わせ）……………………38

15　20XX年 7 月 7 日（破産手続開始決定日の翌日）……………………41

第 2 章　小規模事業者の事案～ツクシ建装のストーリー～………43

1　20XX年 2 月 1 日（ツクシ建装との初回相談から数日後）…………43

2　20XX年 2 月 7 日（その約 1 週間後）…………………………………43

3　20XX年 2 月15日（Ｘデー 1 か月半前）………………………………45

4　20XX年 2 月28日（Ｘデー 1 か月前）…………………………………48

5　20XX年 3 月 8 日（Ｘデー 3 週間前）…………………………………48

6　20XX年 3 月11日（息子との打ち合わせ後）…………………………50

7　20XX年 3 月16日（Ｘデー 2 週間前）…………………………………50

8　20XX年 4 月 7 日（Ｘデー 1 週間後）…………………………………57

9　20XX年 4 月20日（破産申立てから数日後）…………………………59

第 3 章　担保権者との交渉が必要となる事案
　　　　～タンポポ製菓のストーリー～………………………………61

1　20XX年 5 月 1 日（初回相談直後）……………………………………61

目　次　7

2　20XX年5月20日（ミツバチ銀行との面談直後）‥‥‥‥‥‥‥‥‥64

3　スポンサー・担保権者・リース会社との交渉‥‥‥‥‥‥‥‥‥‥67

4　20XX年6月20日（Xデー1か月前）‥‥‥‥‥‥‥‥‥‥‥‥‥‥71

5　株主との協議‥‥‥‥‥‥‥‥‥‥‥‥‥‥‥‥‥‥‥‥‥‥‥‥72

6　20XX年7月5日（Xデー2週間前）‥‥‥‥‥‥‥‥‥‥‥‥‥‥73

7　20XX年12月15日‥‥‥‥‥‥‥‥‥‥‥‥‥‥‥‥‥‥‥‥‥‥74

第3部
テーマ解説

第1章　初回相談の確認事項と事業譲渡の可能性についての検討‥‥‥‥‥‥‥‥‥‥‥‥‥‥‥‥‥‥‥‥‥‥‥‥‥‥78

1　初回相談の聴取事項‥‥‥‥‥‥‥‥‥‥‥‥‥‥‥‥‥‥‥‥78

⑴　ストーリー1（ナノハナ衣料）の検討・見通し‥‥‥‥‥‥‥78

⑵　ストーリー2（ツクシ建装）の検討・見通し‥‥‥‥‥‥‥‥79

⑶　ストーリー3（タンポポ製菓）の検討・見通し‥‥‥‥‥‥‥80

2　譲渡可能な事業及び資産・負債の見極め、譲渡可能性の検討‥‥81

⑴　事業・資産状況の見極め‥‥‥‥‥‥‥‥‥‥‥‥‥‥‥‥‥81

⑵　事業譲渡の可能性・範囲の検討‥‥‥‥‥‥‥‥‥‥‥‥‥‥81

3　滞納処分を意識した対応‥‥‥‥‥‥‥‥‥‥‥‥‥‥‥‥‥‥82

【コラム】事業停止による影響が大きく事業を継続せざるを得ない事案‥‥‥83

第2章　事業承継先（スポンサー）の探索と選定‥‥‥‥‥‥‥‥85

1　事業承継先の探索方法‥‥‥‥‥‥‥‥‥‥‥‥‥‥‥‥‥‥‥85

2　スポンサーの選定方法（入札手続の手法等）‥‥‥‥‥‥‥‥‥86

第3章　手続選択‥‥‥‥‥‥‥‥‥‥‥‥‥‥‥‥‥‥‥‥‥‥88

【コラム】事業譲渡か、会社分割か‥‥‥‥‥‥‥‥‥‥‥‥‥‥‥‥89

【コラム】資産譲渡か、事業譲渡か ·· 91

第4章　事業譲渡対価の適正性確保 ··· 94

1　検討の前提としての事業価値の把握 ··· 94

2　清算価値の把握と清算配当率の算定 ··· 96

3　事業譲渡対価の検討・検証 ··· 97

【コラム】スポンサーが取引債務の一部のみを承継する場合 ···················· 98

【コラム】事業譲渡の否認に関する若干の検討

　　　　　—破産申立前の事業譲渡に対する萎縮効果を念頭において— ······· 100

【コラム】事業譲渡対価の適正性と清算価値保障原則 ··························· 105

第5章　事業譲渡契約の内容 ··· 107

1　事業譲渡契約の内容と留意点 ·· 107

2　商号続用責任 ··· 108

第6章　ステークホルダーへの意識—事前の調整と説明— ········· 109

【コラム】金融債権者への事前説明の要否・タイミング・留意点 ············· 110

第7章　労働契約の取扱い ·· 112

1　従業員の承継方法 ·· 112

2　承継対象従業員の決定方法 ·· 113

3　事前協議の要否 ··· 114

4　承継されない従業員への対応 ·· 115

5　譲渡会社に労働組合がある場合 ·· 115

【コラム】中退共の継続・移換 ·· 117

第8章　事業停止日前後の要対応事項 ··· 119

1　Xデー（事業停止日）の要対応事項 ··· 119

2　Xデー後の要対応事項と破産申立準備 ·· 120

目　次　9

3　裁判所への事前相談、破産管財人との協働 ……………………120

第9章　親族や従業員に対する事業承継 ……………………122

　1　親族や従業員に対する事業承継の留意点 ……………………122

　2　第二次納税義務についての検討の必要性 ……………………122

　【コラム】個人事業者の事業継続の可否 ……………………………123

第10章　許　認　可 ……………………………………………126

第11章　資産別にみる留意点①（担保不動産・リース）…………128

　1　譲渡対象に担保不動産がある場合の対応 ……………………128

　2　担保権者との交渉 ……………………………………………129

　3　譲渡対象にリース物件・割賦物件がある場合の対応 ………130

第12章　資産別にみる留意点②（賃借不動産）………………133

　1　申立代理人において賃借不動産の明渡しを行うことの要否 ……133

　2　明渡作業・賃貸人対応における留意点 ………………………134

　3　譲渡対象に賃借不動産がある場合の対応 ……………………135

第13章　資産別にみる留意点③（知的財産権）………………137

第14章　破産管財人・保全管理人との連携 ……………………140

　【コラム】事業譲渡に関する株主総会決議と破産手続 ……………141

第15章　スタートアップ企業 ……………………………………144

　1　スタートアップ企業の事業譲渡による再生 …………………144

　2　スポンサー探索 ………………………………………………144

　3　譲渡対価の相当性 ……………………………………………145

　4　プログラムの著作物の取扱い ………………………………146

| 5 | 共有の知的財産権 | 147 |
| 6 | 拒否権に関する確認 | 148 |

監修者からのコメント ··········· 150

第4部
座 談 会

1	執筆しての気づき	156
2	破産事案でも事業を残す余地はある	159
3	破産局面における「よい」事業譲渡	161
4	早期相談の重要性	163
5	債務者代理人に求められる姿勢	165
6	破産管財人の立場から	168
7	将来への希望・展望	169

第5部
参考書式

1	資金繰り表（日繰り表）	174
2	資金繰り表（月次）	176
3	清算貸借対照表	177
4	入札要綱	178
5	秘密保持契約書	182
6	意向表明書	186
7	事業譲渡契約書	188
8	株主総会議事録	195
9	同 意 書	197
10	取引先挨拶状	198

目　次　*11*

11 従業員向け説明文書 …………………………………………………… 199

12 担保解除依頼書 …………………………………………………………… 205

13 裁判所事前相談メモ …………………………………………………… 206

14 事業譲渡に関する報告書 ……………………………………………… 209

事項索引 …………………………………………………………………………… 213

第 **1** 部

破産手続併用型事業譲渡の
プロローグと総説

■プロローグ

［登場人物紹介］

新庄知憲（53期）

　　新庄法律事務所の代表パートナー。ギターを愛し、ダジャレ好き。

藤浪球児（76期）

　　新庄法律事務所のアソシエイト弁護士。甘いマスクに似合わず理屈っぽい。

新庄　知り合いの税理士から、「顧問先の資金繰りが厳しいので、相談に乗ってやってくれないか？」という話があったんだけど、同席してくれるかな。衣類の製造業者で、金融債務は利払いだけになっていて、公租公課の滞納も結構あるらしい。

藤浪　公租公課の滞納額が多ければ、私的整理や民事再生は難しいでしょうし、破産しかないですね。事業を廃止して全従業員を解雇して……忙しくなりそうですね。

新庄　公租公課の滞納額が多くても選択できる手続が破産手続に限られるわけではないし、事業を引き取ってくれる先が見つかりそうなら、民事再生だってあり得る。結果的に破産手続を選択せざるを得ない場合でも、事業を残せることだってあるよ。例えば、会社全体では赤字でも、部門別でみれば黒字の部門があるかもしれない。同業他社が興味を示すかもしれないし、社長や役員の交友関係を当たれば、事業を引き取ってくれる先も見つかるかもしれない。

　　　　　　　　⇒総説 1 「破産の場合でも事業を残す余地はある」［4 頁］

藤浪　でも、破産前に事業譲渡をしたら、債権者から詐害的だと指摘されませんか。破産管財人に否認されるリスクもありますよね。

新庄　破産申立前の事業譲渡だからといって必ずしも不当と評価されるわ

けではないし、むしろ弁護士としては、たとえ一部でも事業を残せる途を模索するべきだと思うよ。

　事業の一部だけでも残せれば、その事業に従事している従業員の雇用は維持されるし、その家族の生活も守られる。取引関係も維持されるから、事業廃止に伴う混乱も軽減でき、連鎖倒産も防止できる。債権者にとっても、債務者の資産をバラ売りされるより事業として一体で譲渡される方が高額の換価ができて、回収額が増加する可能性もある。

　もちろん、譲渡対価が不相当に低いようなら否認対象になり得るけど、対価やスキームが適正であれば何の問題もないよ。ポイントは、適正な対価・スキームで譲渡することと、そのことを裁判所、破産管財人、債権者にきちんと説明することかな。

⇒総説2「事業を残すメリット」　　　　　　　　［4頁］
⇒総説3「申立代理人・破産管財人に求められる姿勢」［5頁］

　藤浪　一見、破産しかないような場合でも、事業を残すことができる可能性があるんですね。

　新庄　そうだね。とはいっても、具体的な検討のためには、詳しく実態を把握する必要があるから、そこは初回相談で聞いてみよう。社長の連絡先はその税理士から聞いてるから、初回相談の日程調整をよろしく頼むよ。

　藤浪　分かりました！

　新庄　そう……旦那の相談な（ドヤ顔）。

　藤浪　……。

第1部　破産手続併用型事業譲渡の総説とプロローグ　3

■総説

1 破産の場合でも事業を残す余地はある

会社全体としてみれば赤字でも、部門別にみて黒字の事業があれば、スポンサー探索を行うことで、黒字部門の承継を希望するスポンサーが見つかることはめずらしくない。

また、たとえ赤字の事業であっても、仕入先が当該事業を承継することで販路拡大につなげたり、販売先が事業を承継することで内製化等によるコストカットにつなげたりすることができるかもしれない。同業他社が事業を承継すれば、スケールメリットにより黒字化できる可能性もあるし、新たにその分野への進出を考えていた企業が事業を承継すれば、時間をかけずに債務者がもつ知的財産権、（特殊な）技術力やノウハウ、優秀な技術者、商圏等を入手できる。さらに、スポンサーのもとでの新たな設備投資や販路の開拓等により、事業を黒字化できる可能性もある。

そのほか、経済合理性が必ずしも見込めない場合でも、「社長にお世話になった」といった人的理由で手を差し伸べてくれる先が現れる可能性もある。また、社長の親族や幹部従業員等の関係者が事業承継を希望する場合には、適正価格で当該関係者に事業を承継することも考えられる。

密行性の観点からスポンサーを広く募ることができず、資金繰り上も探索時間が乏しいという制約を受ける場合も多いが、以上のようなさまざまな観点から、多額の滞納公租公課があるなどの理由により最終的に破産せざるを得ない場合でも事業を残す余地は十分にある。

2 事業を残すメリット

事業を残すことができれば、当該事業に従事する従業員の雇用（ひいては従業員の家族の生活）が守られるし、取引先も従前の取引関係が維持され、急に仕入れや販路が断たれるといった不利益を回避できる。経営者にとって

4 第1部 破産手続併用型事業譲渡のプロローグと総説

も、窮境原因への関与度合いや債権者の納得が得られるかといった事情によるものの、譲渡先において役職員や顧問等として事業の存続・再生に関与できる可能性もないわけではない（保証債務については、経営者保証ガイドラインに基づく整理が検討されるべきである。）。

　債権者にとっても、一般的には個別資産をバラ売りするより事業として一体で譲渡した方が高額での換価が見込めることから、経済合理性があることが多い（当然のことながら、清算価値を下回る対価での譲渡は許容されない。）。事業譲渡は多数の資産を一挙に換価できるため、破産管財人の換価作業が軽減されるし、手続が迅速化することにより、債権者にとっても不良債権の早期処理につながるという利点もある。

3　申立代理人・破産管財人に求められる姿勢

　前述のさまざまなメリットを踏まえて、申立代理人としては、厳しい時間的制約のなかでも、あきらめずに知恵を振り絞って事業の一部でも残せないかを検討するべきであるが、破産事案における事業譲渡には、後述のとおり、事業譲渡対価の適正性を中心として検討すべき事項があるので、それらの事項に目配りをし、適正に事業譲渡を行うことが肝要である。

　他方で、「適正な対価」とは一義的なものではなく、幅のある概念であり、その幅に収まっている限り否認対象行為とされるべきではない。破産管財業務を取り扱う弁護士や破産手続に関わる関係者の間で、この点についての認識共有がこれまで以上に図られることになれば、スポンサーが否認リスクを過度に気にせず支援の意向を表明しやすくなり、結果として事業譲渡により事業を残せる可能性が高まると思われる。

4　申立代理人が検討すべき事項の全体像

⑴　基本的視点

　破産申立前の財産換価は、その必要性が認められる場合に、適切な価格・方法で行う必要がある。事業譲渡も財産換価の一種ではあるが、譲渡に先立っていったん事業を停止してしまうと、事業の価値は大きく毀損し、破産

第1部　破産手続併用型事業譲渡の総説とプロローグ　5

管財人が後から独自に事業譲渡を行うことは極めて難しくなる。そのため、破産事案における事業譲渡では、申立代理人の役割が特に重要になる。

また、事業譲渡は、動産や不動産等の個別資産の換価と比べて、対価の適正性の判断に困難を伴うことが多い。譲渡の方法や対価の算定方法に不合理な点があれば、対価の適正性にも疑念を生じさせ、債権者や取引先の反発を招いたり、破産管財人から否認権（破産法160条以下）を行使されたりするおそれもある。そのため、申立前の事業譲渡は、裁判所・破産管財人・債権者に対して譲渡対象、譲渡対価が適正であることを適切に説明できるようにして進めるという視点が重要である。

⑵ 譲渡先の選定

破産が視野に入る事業者の場合、通常は事業価値が大きく毀損しているため、事業の全部又は一部の承継を希望する会社が結果として1社のみだった、ということもめずらしくない。

譲渡先候補の探索には一定の時間を要するため、その間に財務状況はさらに悪化するおそれがあり、また、探索の過程で一定の情報を開示することから風評リスクを招くこともある。そのため、他の譲渡先候補を探索するか否かは、資金繰りの状況や滞納処分を受けるおそれ、他の譲渡先候補が見つかる可能性などを考慮して、事案ごとに判断する必要がある。資金繰りなどの問題により事業譲渡を急ぐ必要性が高く、譲渡先候補から提示されている譲渡対価、譲渡対象が適正であれば、必ずしも他の譲渡先候補を探索することは必須ではない[1]。他の譲渡先候補が見つかる可能性が低い小規模企業の事案では、他の譲渡先候補を探索しないことも多い。

社長の親族や会社の幹部従業員など、債務者が特定の関係者への事業譲渡を希望するケースもある。この場合も、基本的な判断枠組み自体は変わらないが、詐害的な事業譲渡が行われやすい類型でもあるため、譲渡先の選定過程や譲渡対価、譲渡対象の適正性についてより慎重な検討と丁寧な説明が求

---

[1] 鈴木学「事業譲渡を先行させた破産手続における留意点」事業再生と債権管理161号（2018年）84頁など。

められる。また、破産会社の経営者（支配株主）と生計を一にする親族が支配株主となっている会社が譲渡先となる場合など、事業譲渡先が特殊関係者に該当する場合には、事業譲渡先に第二次納税義務が発生し得ることから（国税徴収法38条）、親族が経営する会社への事業譲渡を検討する場合には注意が必要である。

(3)　譲渡対価の適正性（相当性）

　譲渡対価の適正性（相当性）を確保することは最重要事項である。譲渡対価が適正性を欠く場合、譲受会社は破産管財人から否認権（破産法160条以下）を行使されるリスクがある。このリスクをできる限り低減することは、譲渡先を確保し、事業の継続・再生可能性を高めるためにも重要である。

　譲渡対価は、破産管財人による財産換価と比較して不相当に低廉とならないようにする必要があるため、譲渡対象事業の将来収益及び譲渡対象資産の価値等に照らした適正性の検討が必要である。

　譲渡対価の適正性を担保するための手法として、公認会計士や税理士に事業価値評価（デューディリジェンス：DD）を依頼することが有効な場合もある。どの程度詳細な評価を依頼するかは、譲渡対象事業の規模感、予算や時間（資金繰り）との兼ね合いにもよるが、詳細なものは実施せず、簡易な評価を依頼することも多い。

(4)　譲渡対象の合理性

　譲渡対象とする資産・負債・契約については、原則として当該譲渡対象事業に必要か否かで判断することとなるが、どの範囲で承継するかは、基本的には譲渡先の意向によって決定されることになろう。もっとも、例えば役員借入金等の事業継続に明らかに不要な債務を承継対象に含め、それを理由に譲渡対価を引き下げるようなことは、譲渡対価の適正性を損なうため許されない。

　また、譲渡先候補が示した譲渡対価が、譲渡対価の適正性確保の点で不十分な場合には、譲渡対価の引上げを交渉し、あるいは譲渡対象資産を絞り込

第1部　破産手続併用型事業譲渡の総説とプロローグ　7

むなど、譲渡対価の適正性を確保するための対応が必要である。

⑸　事業譲渡までのスケジュールの検討

事業譲渡までのスケジュールや事業譲渡契約の締結及びクロージングのタイミングは、事業の状況、資金繰りの状況、滞納処分を受けるおそれ、譲渡先の意向等を考慮して決定する。短期間で迅速に事業譲渡を実行する必要がある事案もめずらしくない。

事業譲渡により権利関係を承継する場合、相手方の同意が必要となる。もっとも、申立前の事業譲渡の場面では密行性が求められる場合が多いため、事前同意を得る相手方は事業継続に必要不可欠な先（賃借権、リース、ライセンス等）に絞るなどの検討が必要であろう。

許認可事業の場合、許認可の種類によっては承継が可能な場合もあるが、事前に譲渡先において許認可を取得する必要があるケースや事業譲渡による許認可の継承それ自体に許可が必要なケースもある。

そのほかに、株主総会決議など会社法上の手続に要する期間の検討も必要である。

これらの点を踏まえて、事業譲渡までのスケジュールやタイミングを決定する。

⑹　譲渡に係る手続の検討

破産手続開始前の株式会社の事業譲渡の場合、株主総会の特別決議による承認が必要となる（会社法467条、309条2項11号）。株主の協力が得られず当該承認決議を得ることが難しい場合には、破産申立前の事業譲渡は困難となる。このような場合、譲渡先との間で事業譲渡契約の内容を固めたうえで、破産手続開始後速やかに、破産管財人に事業譲渡を実行してもらう方法を検討することとなる。破産手続開始による事業毀損の影響を考慮すれば、保全管理命令（破産法91条）及び包括的禁止命令（同法25条）を受けて、保全管理人に事業譲渡を実行してもらうという方法も考えられる[2]。

また、包括的禁止命令により滞納処分を回避することが可能となるため、

8　第1部　破産手続併用型事業譲渡のプロローグと総説

事業譲渡までに滞納処分を受けるおそれが高い場合にも、保全管理人による事業譲渡の実行は有用である。

(7) 各ステークホルダーへの対応

　金融債権者・従業員・取引先・顧客等の各ステークホルダーに対して、どのようなタイミング・方法で事業譲渡を説明するかについても、譲渡先と適宜連携しながら検討していく必要がある。

　従業員との雇用関係については、譲渡先の意向により、事業譲渡において雇用契約をそのまま承継するのではなく、譲渡実行日までに解雇（この場合、解雇予告をいつどのように行うかの検討が必要である。）又は合意退職としたうえで、譲渡先において新たに雇用する方法を採る場合も多い。この場合には、資金状況を踏まえつつ、譲渡先において雇用される見込みの従業員と雇用されない見込みの従業員とで、どのような対応を行うかを検討する必要がある。以上の対応については、密行性保持の観点から、情報管理にも留意が必要である。

(8) 破産申立て段階における適切な説明

　申立前に事業譲渡を実行した場合には、破産申立てに際して、①なぜ、②この譲渡先に、③この事業を、④この金額で、⑤このタイミングで、事業譲渡したのかという点について、裁判所や破産管財人候補者の理解を得られるよう、必要十分な情報を提供し説明する必要がある。また、説明を行うにあたっては、申立書類が利害関係人による閲覧対象となることも踏まえ、申立書類にどこまでの情報を記載するかの検討も必要である。必要に応じて、裁判所への事前相談も活用しながら、詳細は記録外（閲覧対象外）となる事前相談メモや、破産管財人への引継ぎメモなどで説明することも考えられる。

　なお、事業譲渡にあたって保全管理命令を活用する場合や破産管財人による破産手続開始直後の事業譲渡を想定している場合、裁判所への事前相談や

2　河本茂行「新型コロナウイルス感染症下における中小企業の「再生型破産」手続」事業再生と債権管理171号（2021年）133頁など。

破産管財人候補者（保全管理人候補者）との連携は必須である。

第 **2** 部

ストーリー別にみる
「破産手続併用型事業譲渡」

第 1 章

スタンダードな事案
～ナノハナ衣料のストーリー～

1　20XX年1月6日（ナノハナ衣料との初回相談後）

新庄　相談を聞いて、いろいろな事情が分かったね。相談前に、再生型破産の論考[3]はちゃんと読んでいたのかな。

藤浪　はい。読んでから相談に同席したので、これまでご一緒させてもらった事案の位置づけも整理できましたし、今回の相談内容の整理もしやすかったです。

⇒第3部テーマ解説第1章1「初回相談の聴取事項」［78頁］

新庄　それはよかった。では、相談内容を整理していこうか。株式会社ナノハナ衣料は、これまで中小企業活性化協議会（当時の中小企業再生支援協議会）の支援を受けて、自主再建を目指した再生計画を作成のうえ、モニタリングを受けていたようだ。

念のためだけど、中小企業活性化協議会のことは知っているね。

藤浪　はい。これまでに利用したことはなかったのですが、今回の相談を受けるにあたって協議会の活動内容等について確認しました。協議会は、産業競争力強化法に基づき都道府県ごとに設置されている中立公正な公的機関で、実際には各地の商工会議所などが事務局となって運営されています。

金融機関、弁護士や公認会計士、税理士、中小企業診断士などの民間専門家、各種支援機関と連携し、それぞれの地域でハブとなって「地域全体での中小企業の収益力改善、経営改善、事業再生、再チャレンジの最大化」を追

3　河本茂行ほか「「再生型破産」で事業を残す」事業再生と債権管理171号（2021年）130頁以下。

ナノハナ衣料の概況

商　　　　号	株式会社ナノハナ衣料
事 業 内 容	衣類、タオル・ハンカチ等の繊維製造業
年 間 売 上 げ	3億円
営 業 利 益	▲3,000万円／年
金 融 負 債	3社に5億円（一部は信用保証協会の保証付き）
滞納公租公課	5,300万円（固定資産税300万円、消費税2,000万円、社会保険料3,000万円）
従 業 員 数	30名
主 な 資 産	現預金（1,500万円）、売掛金（2,500万円）、敷金（500万円）、在庫（滞留在庫有）、製造機械
備　　　　考	社長としては、破産やむなしと考えているが、できる限り取引先に迷惑をかけないように廃業したいと考えている。事業承継の検討、スポンサー候補の探索はしておらず、親族に事業を承継できる人物もいない。 6か月程度の資金繰りは問題ないが、7か月目以降で資金繰りに窮することが見込まれる。

求しています。

　協議会にはいくつかの支援手法（支援メニュー）がありますが、このうち「再生計画策定支援」は、協議会において企業概要を調査のうえ事業計画を策定し、また、必要な金融支援策を策定して、それらを再生計画として取りまとめるものです。再生計画が策定された場合、おおむね3事業年度程度、再生計画の達成状況について、協議会がモニタリング（フォローアップ）を行っています[4]。

　新庄　よく理解できているね。ナノハナ衣料もこの協議会の支援メニューを利用して再建を目指していたそうだ。

4　中小企業活性化協議会の歩みや役割、支援内容等については、藤原敬三『実践的中小企業再生論［第3版］』（金融財政事情研究会、2020年）や、横田直忠ほか「動き出した「中小企業活性化協議会」」事業再生と債権管理177号（2022年）6頁以下などが詳しい。

でも、今般の新型コロナウイルス感染症の影響で、主な卸先の業績悪化に伴って販売量が激減してしまったため、直近の資金繰りも、あと半年程度が限界ではないかという状況みたいだね。

藤浪 自主再建が厳しいとなると、事業を承継してもらえるスポンサーや、事業再生ファンド等の資金を投入してくれるスポンサーの探索を検討しなければならない状況ということですね。

しかし、こんな状況でスポンサーは見つかるのでしょうか。

新庄 何としても見つけたいね。ナノハナ衣料の損益や資産の状況を、簡単に整理してもらえるかな。

藤浪 同社が有する2つの事業（衣服の製造事業、タオル・ハンカチの製造事業）は、いずれも営業利益ベースで赤字が続いており、全社ベースでも約3,000万円の営業損失を計上しています。また、工場はいずれも賃借物件であり、高額で売却できる不動産その他の資産もないので、単純な事業価値でいえば、滞納公租公課額である5,300万円以上の金額で売却するのは難しいのではないかと思います。

新庄 なるほど。とはいえ、厳しい状況であっても承継してもらえる先がないか、この事業を譲り受ける側のメリットや魅力にも注目しつつ、事業承継の可否を相談して検討していくしかないね。スポンサーの意向次第では、破産を避けられる可能性もあるよ。長年努力してきた企業だし、強みや魅力もあったはずだ。

藤浪 そういえば、ナノハナ衣料の工場の1つは、昔からの縁で愛媛県今治市にあります。今治は全国的にも有名なタオルの生産地です。この地でタオル・ハンカチを製造しているということそれ自体に魅力を感じる企業があるかもしれません。

また、ナノハナ衣料の卸先には、いくつか有力な企業があります。ナノハナ衣料の商圏をうまく取り込み、現在の経営上の課題をクリアできれば、承継先にとっても魅力的な事業となるんじゃないでしょうか。

　⇒第3部テーマ解説第1章2「譲渡可能な事業及び資産・負債の見極め、譲渡可能性の検討」[81頁]

新庄　関西の会社なのに、今治に工場があるんだね。そこを魅力に感じてくれるスポンサーはいるかもしれないね。では、スポンサー候補をどうやって探していこうか。

　藤浪　まずは、思い当たる同業者がいないかどうか、社長に確認しようと思います。

　新庄　確かに同業ならそのまま引き継いでくれる可能性もあるね。ただ、同業者だと、ナノハナ衣料と同じように現在苦しい状況にあるという可能性も否めないね。

　今回は、以前案件でお世話になったファイナンシャルアドバイザー（FA）[5]の協力を得られないかも打診してよい事案と考えているけど、どうだろうか。

　藤浪　それは確かに頭によぎったのですが、費用の点がネックだと思いまして……。

　新庄　以前お世話になった方も含め、完全成功報酬制で対応してもらえるFAもいるんじゃないかな。また、今回は情報がオープンになっていない状態でスポンサーの探索をすることになりそうなので、FAの協力を得た方が複数の候補に当たれるはずだよ。複数の候補者に打診したという事情は、譲渡先の選定過程の合理性を裏づける事情にもなるよね。もちろん、密行性や資金繰りの制約から、１社とだけ交渉をして、その会社にスポンサーになってもらう事案もあるけどね。

　藤浪　そうですね。今後のために教えていただきたいのですが、以前お世話になった方のように、信頼できるFAとは、どうやったらつながることができるのでしょうか。

　新庄　いろいろだけど、まずは中小規模のM&Aを扱っている弁護士・公認会計士に聞いてみることじゃないかな。

　ところで、同業者やFAのほかに承継先を探す方法は検討してみたかい。

　藤浪　各地の商工会議所には、事業承継・引継ぎ支援センターがあり、そ

5　譲渡対価の基準となる事業価値の算定、幅広いネットワークを利用した候補者のピックアップ、その他、事業の承継のために必要なアドバイス等を行う役割を担う。

第1章　スタンダードな事案　15

こでも事業承継先を探せると聞いたことがあります。

　新庄　そうだね。企業情報をなるべく抽象的にしたノンネームの形式で登録をしておくことも可能なので、そういうところを利用させてもらうのも方法のひとつだね。

⇒第3部テーマ解説第2章1「事業承継先の探索方法」［85頁］

　新庄　ところで、ナノハナ衣料は暫定リスケ中[6]だったけれど、協議会の担当者は誰だっけ。

　藤浪　野村さんです。野村さんにも連絡を入れておいた方がよいですね。金融機関も暫定リスケによる経営再建中ということは認識されていますし、メインバンクにスポンサー候補探索の打診をしておいた方がよいでしょうか。

　新庄　そうだね。ただ、メインバンクに話をするにしても、金融機関と会社の関係性もまだ分からないし、金融機関と交渉することが債権回収行為への引き金となることもないではないから、まずは協議会の野村さんに状況の報告をするとともに、メインバンクへの打診の仕方を含めて相談してみるのがいいかもしれないね。

　藤浪　分かりました。スポンサーを探索するにもたくさんの方法があるんですね。

　新庄　いうまでもないけど、極めてセンシティブな情報だから、情報管理は徹底したうえで、よりよいスポンサーが見つかるよう、いろいろと動いていこう。

2　20XX年2月7日（ナノハナ衣料との初回相談から約1か月後）

　新庄　ナノハナ衣料についてはスポンサー探索を行ってもらってたけど、

6　協議会の暫定リスケジュール（暫定リスケ）手続下にあること。暫定リスケとは、直ちに実現可能性の高い本格的な再生計画が立てられない企業について、本格的な再生計画策定に向けた準備期間としておおむね3年間のリスケジュールを実施すること。現在は「プレ再生支援」と呼ばれる。

どんな状況かな。

藤浪　はい。まず、協議会の野村さんに相談に行き、状況と方針を共有しました。野村さんは「メインバンクにも相談してはどうか」とのことでしたので、メインバンクやFAと意見交換のうえ、ピックアップした複数の候補者に打診しました。

興味をもってくれたところが数社あったので、秘密保持契約（CA、NDA）を締結のうえでナノハナ衣料の資料を提供し、検討いただきました。そのうえで、入札手続により、最も高値をつけていただいた会社に事業を譲渡していくことを基本方針としました。この際、より多くの従業員の雇用を守れるということもあり、ナノハナ衣料の全事業を承継してもらうことが望ましいと考えていたので、全事業を承継してもらえる先を優先して承継先に選定する方針でした。

ただ、3社からNDAの差し入れがあって検討が進められていたのですが、入札期間中にも新型コロナウイルス感染症拡大の影響により、財務状況等がさらに悪化したことを受けて、結局3社とも検討見送りになってしまいました。

　⇒第3部テーマ解説第2章2「スポンサーの選定方法（入札手続の手法等）」
　　［86頁］

新庄　そうか……思ったより厳しい状況だったね。社長の知り合いの同業者はどうだったかな。

藤浪　その件ですが、社長自身、会社がこういう窮境にあることを知り合いに伝えることに躊躇もあったため、すぐに進めることはできませんでした。ただ、今回のメインバンクやFAを通じた探索がうまく行かなかったことを踏まえて、やるしかないと決断され、神戸近郊で衣類製造業をやっている同業の株式会社ナタネ縫製に話をされています。

ナタネ縫製とナノハナ衣料は、直接の取引はなかったものの、社長どうしが個人的なおつきあいで懇意にしていたようです。ナタネ縫製は「事業の承継に関して、多額の資金の拠出はできないものの、せっかくこれまで築き上

第1章　スタンダードな事案　17

げてきたナノハナ衣料の事業が廃業に至ってしまうことは避けたい」と考え
てくれているようです。そのなかでも、今治に工場があるという点に注目し
てくれているようで、タオル・ハンカチ製造事業の承継を前向きに検討いた
だけているようです。衣類の製造事業については、まだなんともいえない、
という意向のようですが……。

　新庄　事業の一部だけでも承継してもらえるのであればありがたいね。金
額的には、どのあたりを考えているんだろう。

　藤浪　そうですね、対価については今後の意見交換を積み重ねていくこと
になりますが、あまり高い金額は期待できなさそうで、未払いの公租公課の
金額（5,300万円）を上回る金額も出せそうにはないとのことです。この状況
ですと、私的整理は無理ですよね。民事再生も同じようにやはり難しいで
しょうか……。

　新庄　なるほど。今回は民事再生を選択する事案ではないかもしれない
ね。

　ただ、滞納公租公課がある場合でも、例えば、スポンサー候補者を広く募
ることで譲渡対価が上振れすることが見込まれる場合には、滞納公租公課庁
の対応、資金繰りの状況（事業継続による財産毀損のおそれや商取引債務への
弁済原資の確保等）も踏まえつつ、民事再生を検討できる事案もあるので、
そこは意識しておこう。

⇒第3部テーマ解説第3章「手続選択」［88頁］

　新庄　あと、譲渡対価やスキームを検討していくにあたって重要となって
くるのが「清算BS」[7]だけど、清算BSの作成方法は分かるかな。

　藤浪　すみません……なんとなくイメージできますが、慣れないので非常
に難しいです。やっぱり税理士や公認会計士の先生にお願いした方がよいの

7　「清算貸借対照表」（BSはBalance Sheetの略語）。直近の貸借対照表を基礎として各
　資産の処分価格を明示し、清算価値（清算配当率）を試算するために作成される貸借対
　照表をいう。作成にあたっては、債権債務の相殺処理、担保権による優先的回収、一般
　優先債権の取扱い、清算費用その他共益的費用の計上等を行う。

18　第2部　ストーリー別にみる「破産手続併用型事業譲渡」

でしょうか。

　新庄　簡易な清算BSは会社から資料提供を受ければ作成できるよ。関連書籍[8]を参考にして、作成してみてくれるかな。私の方で会社資料を確認したところでは、売掛金の規模感や在庫商品等の換価価値を踏まえても、滞納公租公課全額の支払は難しそうだし、清算価値ゼロとして進めていってよい事案かなと思っているよ。

　藤浪　ありがとうございます。

　新庄　ところで、スポンサー候補者のナタネ縫製の方では事業の承継の際のスキームにこだわりはないのかな。

　藤浪　ナタネ縫製としては、せっかくこれまで築き上げてきたナノハナ衣料の全事業が廃業となることを避けたいという想いと、今治に工場があるという魅力で支援を検討しているようなので、事業の承継さえ実現されれば、事業譲渡後の会社が破産となることはやむなしと考えておられるようです。ナノハナ衣料の社長としても、事業が承継され、従業員の雇用が可能な限り守られることが本質であって、法的なスキームとしてどれを選択するかはお任せしますとのことでした。

　新庄　社長は表面的にはそのようにいっていても、やっぱり心情的には破産は回避したいと思われているだろうし、風評の問題もあるからきちんと検討する必要があるね。

　まずは民事再生を選択することも検討しつつ、民事再生を通じたスポンサー探索を行ったとしても公租公課の金額を上回る提示額を示す候補者が現れる見込みが乏しいなど、最終的に破産回避が難しい場合でも、より適切な時期、方法で事業を譲渡して、「破産手続併用型事業譲渡」のスキームで事業を存続させられるように今後の準備を進めていこうか。

8　例えば、小川洋子ほか編『ストーリーで学ぶ初めての民事再生』（中央経済社、2019年）74頁以下、第一東京弁護士会総合法律研究所倒産法研究部会編『中小企業のための民事再生手続活用ハンドブック』（金融財政事情研究会、2021年）311頁以下が参考になろう。

3   20XX年2月14日（その1週間後）

　新庄　ナタネ縫製との交渉はその後どうかな。

　藤浪　衣服の製造事業に関してはやはり承継は難しいようですが、タオル・ハンカチ製造事業の承継については内諾をいただけました。ただし、タオル・ハンカチ製造事業単体でみても営業赤字が続いていることや、承継する取引債務の額が売掛金の額を上回っていることを踏まえると、手続費用など諸々含めて支援金額は1,000万円が上限であるとのことです。

　スキームの件についても、これまでFAも使ってスポンサー探索を重ね、入札も行ってきたので、ナタネ縫製のほかにスポンサー候補がいないかを改めて探索するために民事再生の申立てを行う場面ではないと考えます。

　新庄　ギリギリのなかでナタネ縫製が声を上げてくれただけでもありがたい話だから、事業価値を毀損させることがないよう、事前に事業譲渡を行ったうえで、残った部分を破産して整理するのがよさそうだね。承継される事業部に所属する従業員の雇用も守れるし、その方針で進めようか。本件では承継される取引債権債務の額がそれほど大きくないので問題にならないと思うけど、承継される取引債権債務の額が大きい場合、回収可能性がある売掛金を譲渡する一方で、承継される買掛金は破産債権となるといったことなど、承継対象となる債権債務の破産手続における性質や価値も踏まえて譲渡対価の相当性を検討する必要がある場合もあるからね。

4   20XX年3月30日（Xデー3か月前）

　新庄　現在の検討状況はどうなっているかな。

　藤浪　ナノハナ衣料の承継先候補であるナタネ縫製は、タオル・ハンカチ製造事業のみの承継を希望していますが、具体的に承継対象として想定しているのは、今治工場の賃借権と工場内にある製造機械一式（一部譲渡担保付き）、タオル・ハンカチ製造事業の従業員（10名）くらいだということです。

　新庄　ほかにナタネ縫製にとって価値があって、譲渡対象にできそうなものはないかな。

藤浪　工場内にはタオル・ハンカチの原材料・仕掛品と製品が在庫として
あるので、これも承継してもらえないかナタネ縫製に話をしてみます。ま
た、ナノハナ衣料は、今治で有名な繊維生地の卸問屋と仕入取引をしていた
り、製品を老舗百貨店に納入していたりするそうなので、これらの取引先を
ナタネ縫製に紹介することもできると思います。

　新庄　ナタネ縫製に仕掛品等も引き継いでもらえれば事業を中断すること
なく承継することができるし、仕入れや販売の取引を承継できれば、これら
の取引先への迷惑も最小限に抑えられるね。また、単なる個別資産ではな
く、「事業」として引き継ぐことができれば、ナタネ縫製にとってもメリッ
トがあり、譲渡対価を上乗せしてもらうことができるかもしれないよ。

　ところで、従業員の引き継ぎについて、ナタネ縫製は何かいってきている
かい。

　藤浪　承継対象となる10名については、過去の労働債務を切り離すため、
ナノハナ衣料を退職してもらったうえで、ナタネ縫製で新たに雇用すること
を希望しているようです。

　新庄　確かに、ナタネ縫製としては、残業代債務等の潜在債務の負担が生
じるおそれがあるから、従業員にはいったん退職してもらったうえで、新た
に雇用する方がリスクを回避できるよね。ナノハナ衣料で解雇を選択する場
合は解雇予告手当（労働基準法20条）の支出等が見込まれるから、清算配当
率を検討する場合にはその点の検討も必要だね。

　ナノハナ衣料についての清算BSの作成はできたかな。

　藤浪　主要な資産及び負債に絞った簡易なものですが、破産手続開始申立
日時点で予想されるナノハナ衣料の清算BSを作成してみました。解雇予告
手当についても、見込額を入れています。

　新庄　これをみると、目ぼしい資産は現預金と売掛金だけで、清算BS上
の資産が約3,310万円なのに対して、滞納公租公課5,300万円のみならず、清
算手続費用800万円、資産処分費用300万円、解雇予告手当1,000万円が財団
債権又は優先的破産債権として顕在化するため、一般破産債権に対する清算
配当率は0％ということだね。

第1章　スタンダードな事案　21

ナノハナ衣料の清算BS

（基準時は申立日時点（予想）。単位：千円）

資産			負債		
科目	簿価	清算価値	科目	簿価	清算価値
現預金	10,000	10,000	借入金・買掛金	515,000	515,000
売掛金	25,000	20,000	未払公租公課	53,000	53,000
原材料・仕掛品	5,000	0	解雇予告手当	—	10,000
商　品	20,000	3,000	資産処分費用	—	3,000
機械装置	20,000	100	清算手続費用	—	8,000
敷　金	5,000	0	負債合計	568,000	589,000
資産合計	85,000	33,100	純資産合計	▲483,000	

資産合計　　　　　　　　33,100千円……①
財団債権・優先的破産債権　74,000千円……②（未払公租公課〜清算手続費用の合計）
破産債権への配当原資　　▲40,900千円……③（①−②）
清算配当率　　　　0％（▲7.94％）……④（③÷借入金・買掛金×100）
【表注】
1　売掛金は、回収可能性等に鑑み簿価の80％で評価。
2　原材料・仕掛品は、換価不能のため0円で評価。
3　商品は、廉価での売却可能性があるため簿価の15％で評価。
4　機械装置は、スクラップ相当価格。
5　敷金は、今治工場が400万円、本社が100万円。いずれも差入額を上回る原状回復費が
　発生するため0円で評価。

　藤浪　はい。滞納公租公課の額が大きいですし、解雇予告手当や清算手続
に関する費用も必要ですので、在庫や機械装置がよほど高く売れない限り清
算配当率はゼロになってしまうと思います。

　新庄　なるほど。在庫商品や機械装置については、ナタネ縫製にとっては
価値があるかも知れないので、そのあたりも検討しておいた方がいいね。

　藤浪　分かりました。再度検討します。

5　20XX年4月14日（Xデー2か月半前）

　新庄　ナノハナ衣料のタオル・ハンカチ製造事業の事業譲渡について、ナ
タネ縫製と来週に協議するので、その方針を検討しようか。

スポンサー選定の際に、ナタネ縫製は手続費用も含めて1,000万円くらいしか払えないといっていたけど、譲渡対価としてはどのあたりが妥当な金額かな。

藤浪　まずは、譲渡対象事業の事業価値を算定しないといけないですね。ただ、営業利益ベースだと赤字続きですし、将来の収益性の改善が不確実なので、事業価値を観念できないと思うのですが……。

新庄　優良商圏やブランド価値といった財務諸表に現れない価値がある場合やフリーキャッシュフロー[9]が黒字の場合には、営業利益ベースで赤字でも事業価値が観念できる場合もあるよ。例えば、直近で多額の設備投資を実施したことで減価償却費が大きくなっている場合や、かなり保守的に貸倒引当金などの非現金支出費用を計上している場合には、営業利益が赤字でも、フリーキャッシュフローが黒字ということもあるよね。

　⇒第3部テーマ解説第4章1「検討の前提としての事業価値の把握」[94頁]

藤浪　タオル・ハンカチ製造事業だけで考えると、200万円前後の営業赤字ですが、減価償却費等を考えると、キャッシュフローベースでは若干の黒字になりますね。公認会計士の先生にも相談してみます。

新庄　ほかにも事業譲渡対価を検討するための視点はないかな。例えば、事業譲渡といっても個別の資産等の譲渡の集積という側面もあるから、ナタネ縫製に譲渡することになる資産等の価値を個別に積み上げて確認することも必要じゃないかな。

藤浪　承継対象資産で価値があるものといえば、今治工場の敷金、工場内にある会社所有（一部譲渡担保付き）の製造機械、原材料・仕掛品と製品の在庫といったところでしょうか。敷金は、事業を廃止する場合には敷金の額

9　「キャッシュフロー」とは、一般的に現金の流れを意味し、主に企業活動や財務活動によって実際に得られた収入から、外部への支出を差し引いて手元に残る資金の流れを指す。さらに、営業利益から税金を差し引き、減価償却費などの外部への資金流出を伴わない費用を加えたもの（営業キャッシュフロー）から、有形固定資産への投資などの継続的な営業活動に必要な支出等を差し引いたものを「フリーキャッシュフロー」（FCF）と呼び、これが、会社が実際に自由に使用できる現金の額となる。

を上回る原状回復費用が生じるので価値はゼロですね。また、在庫商品は簿価の15％で算定して清算BSを作成しましたが、実際にはほとんど値がつかないと思います。一方、製造機械は、譲受先が使用できるのであれば価値が出そうですが、めぼしい機械には譲渡担保が設定されているので簡単にはいかないですね。

　新庄　清算BSをつくったときの考え方に引っ張られていないかい。

　確かに敷金については、事業譲渡をせずに破産を選択した場合、破産管財人は原状回復をして明け渡さなければならないから敷金を回収できず清算価値はゼロになるけれど、今回は同業者に事業譲渡をするのだから、新賃借人となるナタネ縫製は、ナノハナ衣料の敷金返還請求権を承継できて敷金の拠出を免れるし、新たに内装工事等をしなくてもよいという側面もあるから、それなりの価値があるともいえるよね。

　また、在庫や製造機械にも価値を見いだせないかな。製造機械の担保権者も、破産管財人と同様、タオル・ハンカチの製造機械の売却ルートなんてもっていないと思うから、破産になった場合は、わずかな額しか回収できないと思うよ。そのことを説明して、ある程度の額で譲渡担保を外してもらうよう交渉して、ナタネ縫製が出せる金額のなかで、担保権者の同意が得られれば、債権者にとっても不満はないよね。

　藤浪　ナタネ縫製に在庫を買い取ってもらう場合、いくらくらいが妥当なのか、社長の意見も聴いて検討してみます。製造機械は、複数の中古機械の販売業者から見積りを取得中なので、その状況についても社長に確認してみます。

　新庄　協議会での暫定リスケの際に関与していた公認会計士の先生に相談してみたところ、承継対象事業の事業価値評価の相談にも応じてくださるそうだよ。本件ではキャッシュフローベースで若干の黒字が出るということもあるから、念のために公認会計士の先生にも承継対象事業の事業価値について確認しておこうか。

　藤浪　分かりました。ナタネ縫製に今治のタオル・ハンカチ製造工場を手に入れて、仕入先や取引先の一部でも承継することができるメリットをどの

ように評価するかという点についても公認会計士の先生にうかがってみます。

　新庄　そういえば、この前は全事業を承継してもらえる先を優先してスポンサーを募っていたけど、タオル・ハンカチ製造事業の承継だけであれば希望する先があるかもしれないので、以前に検討してもらった3社にはもう一度声をかけてみよう。もし、ナタネ縫製より高い金額で譲渡できる先があったのに、ナタネ縫製に譲渡したとなると、そのこと自体が問題になりかねないからね。

6　20XX年4月21日（ナタネ縫製との打ち合わせ前日）

　藤浪　業者の見積りが揃いました。公認会計士の先生やナノハナ衣料の社長とも話しました。

　まず、譲渡担保が設定されていない製造機械は、同等の中古品を購入すれば数百万円するそうですが、いまある機械を売却するとなれば、年季も相当入っており買い手が見つかりそうにないこと、搬出に数百万円かかることから、スクラップ相当（10万円程度）にしかならないそうです。譲渡担保が設定されている製造機械は、同等の中古品でも据付費用込みで700万円程度はするのですが、いまあるものを売却した場合の価値（中古販売価格）を聞いてみたところ、1社は250万円、もう1社は高くても300万円までとの回答でした。なので、譲渡担保権者には250万円程度を支払うことで譲渡担保権を外してもらえるよう交渉したうえでナタネ縫製に300万円で、その他の製造機械は100万円として合計400万円で買い取ってもらうように交渉するのはいかがでしょうか。

　新庄　譲渡担保権者との交渉で、250万円は無理でも、300万円くらいまでで落ち着けば、譲渡担保権者にとっても十分メリットのある話なので担保を外してもらえるよう説得できそうだね。

　あと、在庫には価値はありそうかな。

　藤浪　ナノハナ衣料の社長によれば、今治ブランドの商品とその原材料・仕掛品は、ナタネ縫製にとって少なくとも200万円程度の価値はあるだろう

第1章　スタンダードな事案　25

とのことです。譲渡対象資産としては、敷金が400万円、製造機械が400万円程度、原材料・仕掛品・在庫商品が200万円程度で、合計1,000万円くらいになります。これに熟練した従業員や取引関係を承継できることのメリットを上乗せして評価してもらえればという感じです。

　新庄　公認会計士の先生の評価はどうだったかな。

　藤浪　事業価値をベースとした譲渡対価としては取引先の承継など明確に金銭的に評価が難しい部分もあり、今治ブランドの価値等も考慮に入れても800万円～1,000万円程度とのことでした。

　新庄　以前に話をしていた3社はどうだったかな。

　藤浪　再度声をかけてみたのですが、タオル・ハンカチ製造事業、衣類製造事業どちらか一事業だけであったとしても、やはり承継することは難しいとのことでした。

　新庄　タオル・ハンカチ製造事業はナタネ縫製に、衣類製造事業は別の会社に承継してもらえたらベストだけど、上手くはいかないね。

　藤浪　もっと時間があれば、いろいろな方策が採れたかもしれないですが、現状ではタオル・ハンカチ製造事業を残すだけで精一杯ですね。

　新庄　そうだね。いまできることに全力を尽くそう。

　さて、肝心の譲渡対価だけど、確かに、ナタネ縫製は十分なデューディリジェンスができず、リスクの把握も十分にできないまま承継してもらうという点や、購入を希望する先がほかにないという点などを考慮すると、1,000万円程度と考えてもいいかもしれない。ただ、敷金については、実際には契約終了時に明渡費用や原状回復費用の負担をしなければならないとはいえ、居抜きで工場を承継できるメリットはあるし、製造機械も新たに中古を調達するとなると1,000万円以上はするよね。従業員の債務も引き継がず、優良取引先も一部引き継げる可能性もあるので、いったん1,300万円でナタネ縫製を説得してみよう。

　これだと、譲渡担保権者に300万円で担保を外してもらえれば、手元に1,000万円が残る計算だね。

　藤浪　はい。そのように説明して引き続きナタネ縫製とは交渉したいと思

います。

　新庄　譲渡担保権者との交渉やナタネ縫製との譲渡対価に関する詰めの交渉は必要だけど、ナノハナ衣料も事業譲渡の大枠は見えてきたね。この調子で事業譲渡契約の締結に向けて作業を進めよう。また、事業譲渡の実行や破産申立ての段取りについても検討を始めよう。

　藤浪　はい。円滑に事業を譲渡できるようにがんばります。

　新庄　不正を防いで譲渡に苦情とか出ないようにしないとね。

　藤浪　……。

7　20XX年 4 月28日（Xデー約 2 か月前）

　新庄　先週のナタネ縫製との打ち合わせはお疲れさま。

　藤浪　しっかり準備して臨みましたが、やはり厳しい反応でしたね。

　新庄　そうだね。敷金を400万円、製造機械を400万円、原材料・仕掛品・在庫商品を200万円程度でみて、合計1,000万円となることを前提に、ここに熟練した従業員や従前の取引先、居抜き物件を承継できることのメリットを上乗せして評価してもらおうと思ったけど、相談している弁護士や専門家報酬の諸経費も含めて拠出できる金額はやはり1,000万円が上限だという態度はなかなか変わらなかったね。

　藤浪　はい。敷金と製造機械のところは感覚とも合致していると話しておられましたが、原材料・仕掛品・在庫商品の評価のところは思っていたより厳しかったなという印象です。

　新庄　そうだよね。確かに、原材料や仕掛品はいま換価しようとしてもどうしようもないけど、新たにそれらを仕入れるとすればそれなりの金額がかかることにもなるはずだよね。

　藤浪　ええ。その点を考えれば、そこまで無理をいってはいないと思うのですが……。

　新庄　そう思って、あのあとナタネ縫製の社長に個別で電話を入れて、そのあたりのことを改めて整理して話してみたら、諸経費を含めず譲渡対価だけで1,000万円出してくれることになったよ。

第 1 章　スタンダードな事案　27

藤浪　なんと！　それはよかったです。

公認会計士の先生の話でも承継対象事業の評価額としては800万円～1,000万円程度とのことでしたので、評価額の枠内に収まりましたね。

新庄　そうだね。取引先の顔ぶれなどをみれば、買掛金や売掛金なども承継しないとなかなか事業の継続や商圏の確保は難しそうなので、売掛金・買掛金も含めた事業譲渡でないと厳しいということも分かったよね。これでとりあえず破産管財人への説明はつけられそうだね。

あ、そうだ。念のためにいっておくと、今回は公認会計士の先生がすでに協議会での手続の際に事業価値評価を出してくれていたから承継対象事業の事業価値評価も聞いたけど、本件のような事案で、必ず事業価値評価が必要になるというわけではないからね。

　　⇒第3部テーマ解説第4章1「検討の前提としての事業価値の把握」[94頁]

藤浪　そうなんですね。当然評価を出してもらわないといけないのかと思っていました。

新庄　本件は、すでにスポンサー探索を十分に重ねてきて、候補としてあがった3社からも断られ、どうしようもなくなったところに、なんとか人情に訴えてナタネ縫製に引き取ってもらえることになった事案だよね。

もう廃業やむなしというなかで、なんとかスポンサーになってもらったという事案まで、形式を整えるためだけに追加コストを負担して事業価値評価を取得するのは費用面からも厳しいよね。むしろ「破産管財人が換価したらどうなるか」という清算価値との対比が一番のポイントで、そこを押さえておくことが大事だよ。

あくまで今回は、公認会計士の先生がパッと答えてくれたから参考にしたってことだね。

藤浪　分かりました。事業価値評価が必要な場面と、清算価値との対比を優先すべき場面を意識して、これからの案件にも臨んでいくようにします。

新庄　期待しているよ。今回事業譲渡を受ける会社は、ナタネ縫製が新しく設立する、ナタネ縫製の100％子会社になるみたいだから、その前提で譲

渡対価1,000万円の事業譲渡契約書のドラフトをよろしく頼むよ。

8 20XX年5月15日（Xデー約1か月半前）

新庄 あれから2週間ほど経ったけど、契約書のやりとりは順調に進んでいるかな。

藤浪 あのあとすぐに契約書案をナタネ縫製に送って、昨日コメントが返ってきたところです。

新庄 そうか。何か気になるところはあるかい。

藤浪 契約書のドラフトは関連書籍[10]を参考に作成しました。今回のコメントも、基本的には形式面の指摘だけなので、サッと確認して返しておこうと思っています。

ただ、ナタネ縫製から通常のM&Aと同じような表明保証を入れてほしいといわれていて、そこがどうしても腑に落ちません……。

新庄 あぁ、ときどき追加してくる会社があるね。弁護士が就いてるんじゃないかな。

藤浪 修正履歴などを見ていると、どうやらそのようです。

新庄 M&Aを中心にやってきた弁護士だと、表明保証をつけるのは当然という意識が強く、とりあえず入れておきたいってなるんだよね。

藤浪 まさに今回はそれでしょうね。ナタネ縫製の社長が求めているとはとても思えない細かい内容ばかりなので……。

新庄 せっかくだし、表明保証がどういうものか確認しておこうか。

藤浪 表明保証とは、「契約の一方当事者が他方当事者に対して、当該目的物等に関する所定の事実が、所定の時点で真実かつ正確である旨を表明し、保証するもの」をいいます。表明保証違反があれば、補償等の問題が生じることになります。

ですが、このあと破産することになるナノハナ衣料に表明保証を求めても実益はないと思うのですが……。

---

10 例えば、木内道祥監修・軸丸欣哉ほか編著『民事再生実践マニュアル［第2版］』（青林書院、2019年）などを参照。

新庄　意見を求められた弁護士の立場上のコメントということもあるだろうから、改めて今回の事業譲渡の趣旨や実益を説明して、最低限の記載にしてもらったらどうかな。

藤浪　ありがとうございます。では、今回は事業譲渡に必要となる株主総会手続を経ることなど、手続的な規定を中心に残してコメントバックするようにします。

⇒第 3 部テーマ解説第 5 章 1 「事業譲渡契約の内容と留意点」[107頁]

新庄　ナノハナ衣料は社長が100％株主だったから株主総会は問題ないね。ところで、今回は商号続用責任の問題はなかったかな。

藤浪　はい。商号は引き継がずに、新会社の名前で事業を譲り受けるとのことですので今回は免責の登記は必要ありません。

新庄　免責の登記は忘れがちなところだから、そこまで検討できているのはいいことだね。

⇒第 3 部テーマ解説第 5 章 2 「商号続用責任」[108頁]

9　20XX年 5 月31日（X デー 1 か月前）

新庄　無事契約も締結できて、来月末がクロージング日か。資金繰りを考えるとギリギリになったけど、なんとか事業を引き継げそうだね。クロージングに向けた準備状況はどうかな。まず、製造機械の譲渡担保権を有する金融機関との間ではどのような話になったか教えてくれるかい。

藤浪　金融機関に対しては、今治工場に関連する事業をスポンサーに譲渡することになった旨を説明し、製造機械の見積りを複数提示しました。金融機関側も独自に見積りを取得したようですが、300万円を支払うことで受戻しに応じていただくことができました。こちら側で取得していた見積りの上限以内の金額でしたし、ナタネ縫製が承継を希望されている資産であることを踏まえると、許容範囲だと考えています。

新庄　了解。それでいいと思うよ。

藤浪 ところで、製造機械の譲渡担保権者はメインバンクです。今回のようなケースで、これまで支援してきてくれたメインバンクに対して、事業譲渡のあとに破産することを事前に説明しなくてよいのでしょうか。私からは「法人本体の方針については共働している弁護士とともに引き続き検討中です」と伝えています。

新庄 確かに、事業譲渡をしてすぐに破産をすると驚かれることはあるかもしれないし、「伝えておいた方がよいかな」と思うときはあるよね。

でも、「破産する」という方針を明確に伝えられてしまったら、メインバンクとしても、知った以上は保全に動かないといけないのでは……となって、お互いに困ったことになってしまうことがあるから、そこは意識しておいた方がいいよ。

藤浪 今回はそこまで踏み込んだ話にならなかったのですが、もし担当者から「本社工場はどうなりますか？」とか、「法人の債務整理は今後どのような方針ですか？」というような質問をされたら、新庄先生ならどう回答されますか。

新庄 難しいところだけど、真正面から答えずに「残る衣類製造事業単体での事業継続や事業譲渡ができないかなど、いろいろと模索していますが、状況が状況なので厳しく、引き続き方針を検討中です」くらいにしておくのがお互いにとって適切な対応じゃないかな。

今回はメインバンクのつながりからスポンサーが現れた事案ではないし、メインバンクへの説明としては、藤浪先生がしてくれたくらいの温度感でよかったと思うよ。

藤浪 信頼関係を損なわないようにしつつ、債権回収行為を誘発しないように配慮して、事案ごとに説明の是非や程度を検討する必要があるんですね。

新庄 賃貸借関係はどうかな。

藤浪 事業譲渡の対象となる今治工場の賃貸人に対しては、クロージングまでにナタネ縫製と一緒に説明に行く予定です。そこでは、事業譲渡で賃貸人に不利益が生じないこと、単純に破産した場合との比較を説明するなどし

第1章 スタンダードな事案　31

て、賃借権譲渡の内諾をいただきたいと考えています。

　新庄　了解。衣類製造事業の方はどういう方針だったかな。

　藤浪　社長とも検討を重ねたのですが、やはり衣類製造事業単体での事業継続や事業譲渡の見込みは乏しいと考えましたので、タオル・ハンカチ製造事業のクロージング日に合わせた事業停止を念頭においていました。タオル・ハンカチ製造事業のクロージング日が、ナノハナ衣料本体の事業停止日であるという前提で全体を整理しておかないといけないですね。

　新庄　そうだね。ナノハナ衣料の事業全体を譲渡できていたらこんな区分けはいらなかったんだけどね。で、どう整理しようか。

　藤浪　書籍も参考にして検討していたのですが[11]、衣類製造事業については本社工場を賃借していますので、事業停止日に賃貸人に連絡をするとともに、工場の入口に事業停止のお知らせなどを貼り出す必要がありますね。申立てのタイムスケジュール感からして、明渡未了のまま申し立てて、破産管財人にその処理を委ねることになると思います。

　新庄　了解。ただ、タイミングを見計らって明渡費用の見積りは取得しておいた方がいいだろうね。

　その他、取引先・仕入先・従業員で衣類製造事業とタオル・ハンカチ製造事業で重なっているところはないかな。

　藤浪　従業員に重なりはないのですが、一部アパレルの取引先と、生地の仕入先が同じだと聞いた記憶があります。

　新庄　そうすると、その取引先と仕入先には、事業停止の通知と、事業譲渡の通知が複数同時に届いてしまうと、混乱させてしまうよね。ナタネ縫製が取引の継続を希望する先には、趣旨が明確に伝わるように配慮した書面を送ってあげるか、当日に説明に行くかしないといけないね。

　藤浪　そのあたりは社長と整理しておくようにします。

　　⇒第3部テーマ解説第6章「ステークホルダーへの意識─事前の調整と説明─」[109頁]

11　例えば、野村剛司編著『法人破産申立て実践マニュアル［第2版］』（青林書院、2020年）など。

ナノハナ衣料の概況（事業譲渡・Xデー直前）

事 業 内 容	繊維製造業（衣類、タオル・ハンカチ等）
年 間 売 上 げ	3億円
営 業 利 益	▲3,000万円／年
金 融 負 債	3社に5億円（一部は信用保証協会の保証付き）
滞納公租公課	5,300万円（固定資産税300万円、消費税2,000万円、社会保険料3,000万円）
従 業 員 数	30名
主 な 資 産	現預金（1,200万円）、売掛金（2,500万円）、敷金（今治工場400万円、本社100万円）、在庫（滞留在庫有）、製造機械
備 考	協議会の支援を受け暫定リスケ中。衣類、タオル・ハンカチの両製造事業ともに赤字を計上しているが、タオル・ハンカチ製造事業（今治市に賃借工場あり）のみスポンサーに譲渡することに。スポンサーへの事業譲渡後に破産申立予定。

　新庄　従業員対応はどのように考えているのかな。従業員説明会は必要不可欠だから、それをいつ、どうやって行うかも決めておかないといけないね。

　藤浪　いまのところ、事業停止日を今治工場の事業譲渡のクロージング日である月末と考えれば、当日に即時解雇という方法も考えられると思います。

　新庄　今治工場の従業員は、希望すれば翌月からはナタネ縫製に雇用されるという状況だしね。その他の従業員との関係では突然の話だけれど、解雇予告手当等の支払はできる事案だと思うし、月末に即時解雇という段取りでスケジュールを組んでもらっていいかな。

　藤浪　はい。今治工場の従業員のうち希望者は、クロージング日の翌日からナタネ縫製に雇用してもらうことになりますので、遠方であることも含めて、本社よりも早めに対応した方がスムーズに進みそうですよね。そうすると、クロージング日の前日に社長とナタネ縫製の社長にも来てもらって、翌日付けで解雇することにしてはどうでしょうか。本社工場の従業員について

は、クロージング日の当日に伝えたいと思います。

　新庄　そうすると、解雇を伝える日が今治工場と本社工場とでは、1日ずれることになるね。あとは、社会保険関係・労働関係の手続についても説明が必要だね。ナノハナ衣料の給与は20日締めの25日払いなので、25日に20日までの給与は支払うとして、21日から解雇日までの給与支払の可否や時期も検討しておかないといけないね。

　藤浪　分かりました。準備します。

　　　　⇒第3部テーマ解説第7章4「承継されない従業員への対応」[115頁]

10　20XX年6月29日（事業譲渡前日）

●説明会出発前・事務所にて

　新庄　いよいよ明日がクロージング日だね。夕方から今治工場の従業員説明会だけど、準備は万端かな。

　藤浪　はい。念のため社会保険関係の説明資料なども準備しました。また、明日の午前9時にY銀行のZ支店で決済です。

　新庄　今回は誰が決済の場に行くのかな。

　藤浪　ナノハナ衣料側は、社長と私です。ナタネ縫製側は、社長が今治工場に張りつきになりそうなので、経理担当の役員の方が同席されます。

　新庄　今回は不動産の決済もないし、司法書士の先生とかはいないわけだね。お金のやり取りだけだし、ナタネ縫製の社長が、決済の場に実際にいなくてもいい事案ともいえるね。

　そういえば、今治工場の従業員説明会が夕方からなら、明日朝の決済に間に合うのかな。

　藤浪　今治から大阪に向かう終電は午後8時頃なので、なんとかなると思っていますが……。

　新庄　従業員説明会は思ったより長くかかることもあるし、今回はスポンサーへの事業承継についての説明もあるよ。念には念を入れて、今日中に帰れないことも考えて対応すべきじゃないかな。

藤浪　そこまでは気づきませんでした。だいたいこれまで従業員説明会は1時間半くらいで終わることが多かったので、5時半から始めても7時頃には終わって終電には間に合うと思っていました。

　そうすると……申し訳ありません、従業員説明会の準備を考えると、今日の説明会の開催は午後5時頃より早くすることは難しいです。

新庄　大丈夫。明日はクロージング日だからと思って、予定が入らなければ起案日にすればいいやと、私も念のため朝から一日予定を空けておいたから、もし今日帰ってこられなかったら、明日午前の決済は私が対応するよ。

　ところで、本社工場の従業員説明会の段取りはできているかな。

藤浪　ありがとうございます。これについても午前中に決済を済ませたあと、本社工場に向かって午後1時頃から従業員説明会をする予定でした。新庄先生に午前の決済の対応をしていただけるのであれば、今日中に帰ってこられなくても、明日の朝7時前に今治から電車に乗れば11時頃までには大阪に到着するので、問題はないです。

新庄　分かった。何かあれば私が対応するから、随時連絡をしてね。

　⇒第3部テーマ解説第8章1「Ｘデー（事業停止日）の要対応事項」[119頁]

●今治工場従業員説明会後（電話）

新庄　従業員説明会お疲れさま。終電には間に合わなかったみたいだね。明日の決済は僕の方で対応するから気にしないでね。

藤浪　本当に申し訳ありませんでした。明日の11時頃までには大阪に到着できると思います。従業員説明会自体は比較的スムーズに進行したのですが、やはり、手続的な面や、今後の工場の運営についての質問が相次いで、予想外に時間がかかりました。

　今日は今治駅前のビジネスホテルが取れたので、簡単に本日のやりとりのメモを作成したら休ませていただきます。

新庄　明日もあるので、あまり無理をせずにしっかりと休んでね。ところでスムーズにいったとのことだったけど、従業員説明会はどのような状況だったのかな。

第1章　スタンダードな事案　35

藤浪　最初は従業員の方々も不安な面持ちだったのですが、ナタネ縫製の社長の説明があってからは雰囲気が一変しました。やはり、安心感が大切だと思いました。まず、ナタネ縫製の社長が今治工場で製造している製品の魅力を熱く語ってくださったところから従業員の方々の目が輝いてきた感じがしました。そのうえで、今後も継続して雇用すること、これまでの給与に加えて解雇予告手当も支払われる予定であることから、無事従業員の方々の納得も得られました。

　結局、高齢のパートの方2名以外は継続雇用を希望してくださったので、今治工場の製品製造には大きな影響はないようです。

　新庄　やはり、一部でも事業が継続できると、スポンサーによってその事業が息を吹き返す可能性も出てくるし、従業員の雇用と生活も守れるので、できる限り事業を残す方法を考えるべきだよね。でも、明日の本社工場の従業員説明会は、廃業前提の即時解雇なので、今治工場とは同じというわけにはいかないだろうね。

　藤浪　はい。明日は従業員の方から厳しい質問もあると思いますし、気を抜かずに明日もしっかりと対応します。

11　20XX年6月30日（事業譲渡日＝Xデー）

　新庄　SMSも送ったけれど、こちらの決済は無事終わったよ。本社工場の従業員説明会はどうだったかな。

　藤浪　今治工場とは違って、みなさん今後についても心配そうな様子でしたね。ある程度は覚悟していたようでしたが、破産申立予定とお伝えしたときにはやはり動揺していらっしゃいました。泣いている方もおられましたし、私も胸が締めつけられる思いでした。

　新庄　社長がしっかりと対応してくださったとはいえ、即日解雇となるとやはり従業員の方が一番つらいだろうね。解雇予告手当に加えて、できれば従業員の21日以降の10日分の給与も早く支払ってあげたいけれど、手元資金はどうかな。

　藤浪　確保できています。昨日と今日で、解雇予告手当を約1,000万円支

払いましたので預金の額はかなり減りましたが、それなりに売掛金がスムーズに回収できていたのと、事業譲渡代金残の700万円（代金1000万円－譲渡担保の受戻費用300万円）と合わせて900万円弱が預かり金として確保できています。約10日間の従業員の給与は300万円ほどと考えているので、支払っても申立てには支障ないと試算しています。従業員の生活の安定が一番なので、すぐに計算して払えるようにしたいと思います。

　新庄　経理担当者を含めて、なんとか残務整理に必要な方々の協力も得られる見込みがついてよかったね。

　藤浪　はい。最後の給与計算や書類の整理等もなんとかなりそうです。助かりました。

　新庄　ところで、受任通知については、どうなっているかな。

　藤浪　今日の夕方に金融機関には郵便とFAXで、その他の債権者には郵便で送りました。もちろん、公租公課庁には送っていません。

　新庄　ナタネ縫製への承継対象になっていない預金については弁護士預かり口座に移してもらったけど、衣類製造事業に関する売掛金も残っているから、滞納処分には注意しないといけないね。これまでは滞納している公租公課庁が厳しい対応をしてこなかったけど、今治工場の事業を譲渡して、本社工場の従業員も解雇したとなると、すぐに差し押さえに取りかかるかもしれないので、早期に破産申立てすることが重要だね。

　今回は事業譲渡後すぐに破産申立てすることにしたけれど、以前検討したとおり、破産管財人による事業譲渡や事業譲渡契約後に双務契約として破産管財人に履行選択してもらう方法等もあったよね。今回は申立てまでにスポンサー探索を適切に行っているし、譲渡対価についても十分説明できる事案なので、申立前の事業譲渡を選択したということだね。

　藤浪　はい。従業員に給与を払って申し立てるには事業譲渡代金がないと厳しかったです。

　新庄　未払賃金立替払制度を利用する方法もあるけれど、支払まで時間がかかるし、8割しか支給されないので、従業員の生活を考えれば、全額を支払ってあげられた方がいいからね。

第1章　スタンダードな事案　37

12　20XX年7月1日（Xデー翌日）

新庄　申立書のドラフトはできたかな。

藤浪　はい。申立書のドラフトと補充の報告書の起案はできています。ただ、給与計算等がまだですので、完成にはもうしばらくかかりそうです。

新庄　できるだけ早く開始決定を出してもらうため、裁判所に事前相談の連絡はしているかな。

藤浪　はい。Xデー当日の午前中に裁判所に連絡をしています。すぐに破産管財人候補者の選定に動いてもらえるように、その日のうちに、債権者一覧表のドラフトをFAXで送っておきました。いま、事前相談のメモとともに、申立書のドラフトなどを一式準備していますので、明日には完成します。週明けに裁判所に持参する予定です。

　　　⇒第3部テーマ解説第8章3「裁判所への事前相談、破産管財人との協働」
　　　[120頁]

13　20XX年7月3日（裁判所での事前相談）

藤浪　午前中に事前相談したナノハナ衣料の破産申立ての件で、裁判所から連絡がありました。破産管財人候補者は中田真先生とのことです。中田先生にすぐに連絡を取って、資料一式を送付するようにします。

新庄　中田先生か……。私もよく知っているし、確か58期だったと思うけれど、破産管財人経験も豊富なしっかりとした先生だよ。よかったね。

　破産手続併用型事業譲渡のスキームについても、すぐに理解してくれると思う。早速、中田先生との打ち合わせを調整しよう。

14　20XX年7月4日（破産管財人との打ち合わせ）

中田　破産管財人候補者の中田です。新庄先生、藤浪先生、申立書のドラフトなどの資料一式と補充の報告書は読ませていただきました。丁寧に分かりやすく書かれており、助かります。

38　第2部　ストーリー別にみる「破産手続併用型事業譲渡」

特に問題はないとは思っているのですが、事業譲渡の経緯について補足していただけますか。特に、スポンサー候補者の選定過程と譲渡代金の相当性についてご説明いただければありがたいのですが。

新庄 分かりました。藤浪先生、お願いします。

藤浪 はい。本件は以前から協議会の支援を受けて自主再建を目指していたのですが、今般の新型コロナウイルス感染症拡大の影響で売上げが激減して、自主再建を断念することになりました。協議会やメインバンクにも相談のうえ、FAとも意見交換をし、事業承継・引継ぎ支援センターにも登録して複数の候補者に打診しました。

3社ほどと秘密保持契約を差し入れてもらって協議をしたのですが、結局見送りになってしまいました。それでもなんとか今治工場の事業だけでも譲渡できないかということで同業のナタネ縫製にお願いし、スポンサー候補者としてナタネ縫製を選んだ次第です。

中田 よく分かりました。コロナ禍でどこも大変でしたし、なかなかスポンサー候補が見つからないというのが実情みたいですね。衣類製造事業の譲渡をしなかったのは何か理由がありますか。

藤浪 全事業の譲渡を目指してスポンサー探索を行ったのですが、ナタネ縫製も含めて全社に断られてしまいました。念のため、ナタネ縫製との契約前には、タオル・ハンカチ事業だけであれば譲り受ける余地はあるかと他の候補者に連絡を入れてみましたが、どこも回答は変わりませんでした。その後も、衣類製造事業単体での事業譲渡の可能性はないかと検討を続けましたが、譲渡先は見つかりませんでした。

中田 ありがとうございます。そういった経緯であればスポンサー選定過程の妥当性は十分に確保できていると思いますが、譲渡代金はいかがでしょうか。金額の算定根拠はメモに書いてありますが、念のためご説明いただけますか。

藤浪 今治工場の事業も赤字続きで、公認会計士の先生にも相談しましたが、「今治ブランド」を考えてもせいぜい800万〜1,000万円程度というお話でした。また、資産を個別にみても、敷金・製造機械・原材料・仕掛品・在

第1章 スタンダードな事案 39

庫商品を、清算価値とそれぞれ比較した場合、1,000万円の対価であれば十分であると判断しました。

　中田　なるほど。敷金400万円も、破産となれば原状回復費等もかかるので全額の返金は見込めませんよね。製造機械は見積りも取得したうえで担保権者と交渉して300万円で落ち着いたとのことですし、仕掛品や在庫商品は破産になってしまえばほぼ無価値で、かえって処分費用がかかることもありますからね……。

　そういえば、今回は承継対象事業に関する売掛金と買掛金も譲渡対象になっていますね。

　藤浪　「取引先との関係が切れてしまうのは困る」というスポンサーの意向もありましたので、取引関係を継続して事業価値を維持するために売掛金と買掛金をセットで承継することになりましたが、承継額はそれほど大きくないので、結論としては1,000万円の対価で相当であると考えています。

　中田　なるほど。私の方でも、念のため譲渡対象となった債権債務の合理性等も含めて確認しますね。とはいえ、私もザッと資料を拝見した限りでは、譲渡対価の適正性やスキームに問題はないと思っています。もちろん、引き続き精査はしていきますので、分からないところが出てきたらまた教えてください。

　本社工場の方はどのような状況ですか。

　藤浪　重要書類等はすでに確保できています。いま、最後の残務整理をしているところです。解雇日までの給与計算もできていますので、明日朝一番に支払う予定です。昨日までの会計データは入力も終わっていると聞いています。開始決定がでれば、すぐに資料やデータ等は引き継ぎ可能ですので、破産管財人としても現実に明渡しをしなければならないとの判断に至った場合には、すぐに明渡しに着手いただいてもよいかと思います。私の方で業者に明渡しに関する見積りをお願いしましたが、200万円程度で可能ということです。

　中田　ありがとうございます。従業員の給与については、未払賃金立替払制度は使わなくても大丈夫そうですか。

藤浪　はい。給与はなんとか手元のお金で支払えそうですので、未払賃金立替払制度の利用は必要ないと思います。

　中田　スポンサーへの譲渡対象となっていない売掛金の回収についてはいかがでしょうか。

　藤浪　一部回収未了の売掛金がありますが、おおむね回収に問題はないと思います。滞留債権や回収に困難が生じそうな売掛先は、いままとめていますので、すぐに送付します。

　新庄　売掛金に関連する点として、滞納公租公課の金額が大きく、売掛金等が差し押さえられるリスクがありますので、すぐに開始決定を出していただいた方がよいと思います。明日午前中には、申立書も完成させて裁判所に提出できます。従業員の給与も朝一番には支払えますので、明日の午後か明後日のできるだけ早い時間に開始決定を出してほしい旨を上申しておきます。

　中田　私からも、裁判所に対して、開始決定を出していただくことに問題がないし、差押えのリスクもあるので早急に開始決定を出していただくようお願いするようにします。

　新庄・藤浪　ありがとうございます。

15　20XX年7月7日（破産手続開始決定日の翌日）

　新庄　この前のクロージングはお疲れさま。なんとかうまくいったね。昨日の朝、無事破産手続開始決定も出たことだし、ほとんどの売掛金は差し押さえを免れたみたいでよかったね。

　藤浪　ありがとうございます。ホッとしました。

　それにしても、今治工場の従業員説明会のあと、その日のうちには帰ってこられないかもしれないという想定が漏れていたことに気づいたときは血の気が引きました。本当にありがとうございました。

　新庄　いやいや、私も万が一のためにクロージング日を1日空けていたので大丈夫だよ。会社分割とかだと、細かい手続が間にいくつも入るので、スケジュール管理に気を遣ってシミュレーションを重ねるんだけど、事業譲渡

第1章　スタンダードな事案　41

は契約を結んでしまうとクロージング日までにやることがそこまで多くないから、スケジュールから目が離れがちになっちゃうんだよね。これからは事業譲渡の場合でも、しっかりとスケジュールを意識してね。

　藤浪　はい。事業部門が2つあって、片方は事業譲渡、もう片方は事業停止、しかも、双方の距離が片道4時間くらいかかるというのも初めてだったので、従業員説明会とクロージングの予定調整の検討が十分にできていませんでした。

　新庄　これから改善していこう。あと、協議会の野村さんにも、無事に法人の事業譲渡と破産申立てが完了したことを伝えておいて。社長の保証債務について、経営者保証ガイドラインの単独型で整理してもらうことになると思うので。

　藤浪　承知しました。保証債務の整理の準備についても進めていきますね。

第2章

小規模事業者の事案
〜ツクシ建装のストーリー〜

1　20XX年2月1日（ツクシ建装との初回相談から数日後）

　新庄　ツクシ建装との初回会議のあと、今後の資金繰りについて社長との間でやりとりしてもらったけど、資金繰りの見通しはどうかな。

　藤浪　かなり厳しい状況です。ツクシ建装は、この資金繰りのままでは、今月末には支払猶予の期限がくる公租公課の支払ができなくなります。そうすると、滞納処分により一気に破綻してしまう可能性があります。

　時間的に非常にタイトであり、公租公課の滞納額からしても、私的整理や民事再生は現実問題として厳しいといわざるを得ない状況です。広くスポンサー候補を探索している余裕もありません。

　新庄　社長の息子さんは、いずれはこの会社を承継したいと思っていたようだし、なんとか息子さんに事業を承継できないか、検討していこうか。どんな問題点が予想できるかな。

　藤浪　まず気になるのは、譲渡の対象と対価でしょうか。親族間の承継ということもあり、否認の問題等が生じないように準備しておく必要があります。

　新庄　そうだね。息子さんが事業の承継のためにどの程度の資金を準備できそうか、それとの関係で承継できる事業や資産がどの範囲になりそうなのか相談しないといけないね。

2　20XX年2月7日（その約1週間後）

　新庄　ツクシ建装の件だけど、息子さんに事業を継がせると問題になりそうな点の検討は進んでいるかい。

ツクシ建装の概況

商　　　号	株式会社ツクシ建装
事 業 内 容	建設業（内装・電気設備の設計・施工）
年 間 売 上 げ	1億円
営 業 利 益	▲1,000万円／年
金 融 負 債	2社に1億4,000万円（うち3,000万円はコロナ融資）
滞納公租公課	1,800万円（消費税800万円、社会保険料1,000万円）
従 業 員 数	8名
主 な 資 産	現預金（1,000万円）、売掛金（300万円）、敷金（300万円）、車両（500万円）、在庫、工具器具備品
備　　　考	納税猶予制度（期間1年）を利用していたが、税務署に納税猶予の延長を相談するも「延長はできない」との回答を受けたため、破産申立てについて弁護士に相談することを決意。 社長は65歳で、従業員として勤務している息子に事業を継がせたいと考えている。

　藤浪　息子さんは事業承継に前向きではあるのですが、自己資金が潤沢ではありません。そこで、これまで息子さんは専ら内装工事部門を担当されていたこと、在庫・工具備品のうち高価品は電気設備の設計・施工部門に関連するものばかりであることから、息子さんが承継するのを内装工事部門のみに絞り、承継する資産を限定することで、事業譲渡対価を下げる方向で調整をすすめています。

　新庄　親族への事業譲渡ということになると、第二次納税義務についても注意する必要があるけど、その点については検討したかな。

　藤浪　はい、ツクシ建装は代表者が株式を100％保有しているので法人税法67条2項が規定する「被支配会社」になります。この場合、息子さんが社長と生計を一にしていると、息子さんが個人事業主として、また息子さんが50％を超えて出資する新会社が事業を承継する場合は納税者の特殊関係者として、第二次納税義務が発生することになります。

　もっとも、本件では数年前から息子さんは社長とは別世帯で生計を一にし

ていませんので、息子さんが株式の過半数を保有する新会社に事業譲渡して
も第二次納税義務は発生しません。

　新庄　なるほど、ただ、課税関係については念のため事業承継に詳しい赤
星税理士にも確認しておいてね。

　　　⇒第3部テーマ解説第9章2「第二次納税義務についての検討の必要性」
　　　　［122頁］

3　20XX年2月15日（Xデー1か月半前）

　新庄　ツクシ建装の件、どうなっているかな。今月末には公租公課庁から
の滞納処分の可能性があるとのことだったけど、資金繰りは大丈夫かな。

　藤浪　公租公課庁に少しずつでも支払うことを代表者が説明して、今月は
まだ滞納処分はされない見込みですが、来月末を乗り越えるのは難しそうで
す。

　新庄　そうであれば遅くとも来月末をXデーにして早く対応する必要があ
るね。代表者の息子さんが法人を設立して内装工事部門を承継するというこ
とだったけど、そのあとどうなっているかい。

　藤浪　息子さん自身には自己資金がほとんどありません。奥さんの実家が
可能な範囲で支援してくれるという話はあるそうですが、会社設立の資金な
ども必要になってきますので、用意できる金額には限界があるようです。

　新庄　ツクシ建装の内装工事部門は事業単体としては大幅な赤字だし、
「事業価値」と呼べるものはないということでいいのかい。

　藤浪　そう思います。税理士さんの意見も確認しましたが、「事業として
評価すると価値はない」という結論で問題ないとのことでした。

　新庄　そうすると、仕掛工事に関する契約関係が新会社に承継されないの
であれば、事業譲渡によらなくても、法的には「事業用資産」を息子さんに
譲渡し、事実上ツクシ建装の事業も引き継いでもらうという整理もあり得そ
うだね。ただ、新会社において、ツクシ建装の電話番号やウェブサイトをそ
のまま使いたいということだと、契約関係の承継が必要になるし、ツクシ建

第2章　小規模事業者の事案　45

ツクシ建装の清算BS

(基準時は申立日時点（予想）。単位：千円)

資産			負債		
科目	簿価	清算価値	科目	簿価	清算価値
現預金	1,500	1,500	借入金・買掛金	160,000	160,000
売掛金	2,000	600	未払公租公課	18,000	18,000
原材料・仕掛品	200	0	解雇予告手当	—	2,000
自動車（貨物車以外）	5,000	0	資産処分費用		500
自動車（貨物車）	0	480	清算手続費用	—	2,000
工具・備品	200	30	負債合計	178,000	182,500
敷　金	3,000	0	純資産合計	▲166,100	
資産合計	11,900	2,610			

資産合計　　　　　　　　2,610千円……①
財団債権・優先的破産債権　22,500千円……②（未払公租公課～清算手続費用の合計）
破産債権への配当原資　　▲19,890千円……③（①－②）
清算配当率　　　　　0％（▲12.43％）……④（③÷借入金・買掛金×100）
【表注】
1　売掛金には長期未収金も含まれており、多くは回収可能性が低いため簿価の30％で評価。
2　原材料・仕掛品は換価不能のため0円で評価。
3　自動車（貨物車以外）は所有権留保が設定されているため0円で評価。
4　自動車（貨物車）は見積書の価格で評価。
5　工具・備品は見積書の価格で評価。
6　敷金は、差入額を上回る原状回復費が発生するため0円で評価。

装の顧客リストも承継したいということになると、個人情報保護法上の問題もあるから、そのような場合には、資産譲渡ではなく事業譲渡の方が良さそうだね。

⇒コラム「資産譲渡か、事業譲渡か」[91頁]

　新庄　いずれにしても、事業用資産を譲渡する以上、譲渡対価をいくらにするかを検討しないといけないね。ツクシ建装の資産状況はどんな感じかな。

⇒第3部テーマ解説第9章1 「親族や従業員に対する事業承継の留意点」
[122頁]

　藤浪　目ぼしい資産がないうえに、現預金もどんどん減っており、仕掛工
事に対する報酬も大部分を前金でもらっています。売掛金についても実際に
は回収が困難なものもあります。敷金も明渡費用や原状回復費用を考えると
価値はありませんし、車両もトラックなど高価なものは所有権留保が付いて
いますので、破産になったと仮定して破産管財人が回収できる金額は引継現
金を加えてもせいぜい200万円程度だと思います。
　これに対して、滞納公租公課が1,800万円もあり、さらに従業員の解雇も
発生するので、清算配当率は0％になります。
　　　⇒第3部テーマ解説第4章2 「清算価値の把握と清算配当率の算定」[96頁]

　新庄　譲渡の対象となる事業用資産の選別はできていたっけ。
　藤浪　はい。いまのところ値段がつきそうなものとしては、会社所有の10
年落ちの貨物自動車1台、内装工事用の工具・材料一式といったところで
しょうか。いずれも所有権留保や先取特権などはありません。
　新庄　息子さんが承継しようとしている資産に限定した場合、どのような
評価になるのかな。
　藤浪　自動車の簿価は1円になっており、10年落ちで10万キロ以上走行し
ています。内装工事用の工具も簿価は5万円程度ですが、実際は無価値だと
思います。内装工事材料も簿価は20万円弱ですが「どこにも買い手はないだ
ろう」ということでした。
　新庄　清算価値は、破産手続において破産管財人が換価する際の価格が基
準になることは分かっているよね。そうすると、譲渡対象資産を破産管財人
が売却できる価格以上で買い取ってもらうことになるから、簿価を基準とす
るのではなく、破産管財人が換価した場合を想定して専門の業者に査定して
もらう必要があると思うよ。自動車だけでなく機械工具や内装工事材料も、
私が管財業務でよくお願いしている業者を紹介するから、2～3社から相見

第2章　小規模事業者の事案　47

積りを取ってもらえるかい。

　藤浪　すぐに準備します。それと、内装工事は複数の仕掛り中の現場があるみたいなので、各現場の進捗、新規受注見込みなどについても確認してみます。

　新庄　その点は重要だから、併せて確認してね。

4　20XX年2月28日（Xデー1か月前）

　新庄　ツクシ建装の見積りが出たようだけど、どんな結果だったかな。

　藤浪　自動車は2社に見積りを取ったところ1社が45万円、もう1社が48万円でした。簿価にとらわれず、価値がつきそうな車両等については見積りを取ることが重要ですね。内装工事用の工具一式については1社が2万円、もう1社が3万円でした。内装工事材料の簿価は20万円ほどですが、売却処分ということになれば、2社とも価値はゼロ、1社は逆に処分費等が数万円かかるそうです。

　新庄　この結果を踏まえて、譲渡対価について検討しよう。

5　20XX年3月8日（Xデー3週間前）

　藤浪　ツクシ建装の件で、息子さんから連絡がありました。

　義理のお父さんが「出資や事業用資産の購入のための資金援助をしてもよい」と正式に了承してくださったそうです。2週間程度あれば、法人の設立は可能なようです。あと、義理のお父さんのお宅を本店として登記して、ガレージ、倉庫を無償で使用してもよいといわれているそうです。

　新庄　それはよかったね。事業用資産の譲渡対価はどうしようか。貨物自動車は、相見積りの最高価格である48万円を超える金額、例えば50万円で買い取ってもらうということでいいとして、工具類や内装材料については、どうだろう。

　藤浪　工具類の簿価は5万円くらいですが、破産管財人が工具類を売却しても、3万円程度でしか売れませんし、内装材料の簿価は20万円くらいですが、破産管財人が処分すればゼロどころか処分費用の負担でマイナスになる

48　第2部　ストーリー別にみる「破産手続併用型事業譲渡」

可能性もあると思うので、工具類と内装材料の合計で3万円でもよいのではないでしょうか。

　新庄　確かに、清算価値保障原則からすれば、そのような考え方もあり得るね。でも、今回は親族である息子さんへの売却なので、できるだけ破産管財人や債権者からも無用な疑念を抱かれないようにしたいね。

　実際、赤字の事業とはいえ、債権者や破産管財人は「事業を承継するということは、何らかの価値があるはず」という疑念を抱くと思うし[12]、破産した会社の従業員かつ代表者の親族が、事業を承継することには心理的抵抗感もあると思うよ。

　藤浪　そうですね。工具類は、新たに同等のものを揃えると安くても10万円以上はかかることを思うと少なくとも簿価で買いとってもらう方向で検討します。一方、内装材料は購入してから相当期間経過しているものもあり、やはり価値は低いので、簿価の半分程度ではどうでしょうか。

　新庄　そうだね。それくらいの金額で打診してみよう。内装工事の進捗等はどうだったかな。

　藤浪　比較的大きなリフォーム工事は今月中旬に終えられそうですが、今月中には終わらない案件も数件あるようです。また、新たな注文を断るのも難しいそうです。今月下旬にXデーを設定するとしても、仕掛工事がいくつか残ってしまいます。もし息子さんが新たに設立する会社に仕掛工事が承継されず、工事がストップすることになれば、注文者の方たちと揉めそうですね。

　新庄　そうだね。その点について、息子さんたちがどのように考えている

12　必ずしも親族への事業譲渡を念頭においたものではないが「事業の譲受人がいる以上、その事業には何らかの価値があるはずである」という先入観に対して警鐘を鳴らすものとして、野村剛司編『実践フォーラム破産実務［補訂版］』（青林書院、2024年）187頁〔山田尚武、籠池信宏発言〕参照。数値化することが困難な価値を無理やり事業譲渡対価に反映させ、事後的に事業譲渡対価が廉価であったと評価するべきではないだろう。そのような評価が正当化されれば、経済的利益を度外視して、下請先や従業員を保護するためにいわば救済的に事業を譲り受けようとする者が予期せぬ支払を強いられることになり、ひいては破産申立前の事業譲渡に対して萎縮効果を及ぼしかねないからである。

第2章　小規模事業者の事案　49

のか、事業用資産の価格も含めて話し合ってみようか[13]。

6　20XX年3月11日（息子との打ち合わせ後）

藤浪　息子さんに、こちらの考え方を説明したところ、提案価格での購入を了承してもらえました。

新庄　よかったね。破産申立後の内装仕掛工事についてはどのような意向だったのかな。

藤浪　今回、多くの人に迷惑をかけることになるツクシ建装の従業員かつ社長の息子さんが、事業を承継する以上、ツクシ建装が破産したあとも息子さんが責任をもって工事を完成させるし、材料代等の実費だけもらえれば、その分の報酬はツクシ建装（破産管財人）が受領して構わないそうです。また、迷惑をかける外注先の職人さんにも誠心誠意対応するとおっしゃっていました。

新庄　ここまでがんばってもらえるのであれば、特に破産管財人も債権者も厳しい態度にはならないと思うよ。すぐに法人設立の準備に取りかかってもらい、また、事業用資産の譲渡の準備にかかろう。契約書等の準備をお願いできるかな。

7　20XX年3月16日（Xデー2週間前）

新庄　ツクシ建装のXデーが迫ってきたけど、準備はどこまで進んでいるかな。これまでの進捗状況と今後の手順を確認しておこうか。

藤浪　はい、私の方でチェックポイントを整理してみました。

① 新会社の設立・登記
② 事業譲渡契約書の準備
③ 事業用賃借物件の明渡し
④ 承継対象資産の移動・運搬

13　本文記載の点のほか、請負人破産の場合の契約関係の処理については、野村剛司ほか『破産管財実践マニュアル［第2版］』（青林書院、2013年）120頁など参照。

50　第2部　ストーリー別にみる「破産手続併用型事業譲渡」

⑤　貨物自動車の名義変更

⑥　預金退避

⑦　従業員対応

⑧　許認可の確認

⑨　仕掛工事対応

⑩　Xデー直後の債権者対応

⑪　破産申立書面の作成

新庄　じゃあ、事業の受け皿となる新会社設立の準備から順に確認していこうか。

藤浪　まず、新会社の設立については、事業譲渡契約の内容が固まる前から、息子さんが司法書士への相談などの準備を始めていたので、明日には法人設立登記が完了します。

新庄　新会社の商号は決まっているのかな。

藤浪　息子さんがどうしても「ツクシ」という名称を入れたいようで、「ツクシ内装株式会社」にすると聞いています。

新庄　そうなると商号続用責任（会社法22条1項）が生じる可能性があるね、商号続用責任の免責登記（同条2項）について息子さんに説明はしたかな。

藤浪　あっ……（忘れてた……）。それはまだできていませんので、早急に対応します。

⇒**第3部テーマ解説第5章2「商号続用責任」[108頁]**

新庄　新会社では息子さんの義理のお父さんの自宅の一部、ガレージ、倉庫を無償で使わせてもらえるということだったね。そうなると、現在使用している事業用賃借物件については明渡しが必要になるけど、明渡しを管財人に委ねるのか、それとも破産申立前に完了させるか、方針は決まったかな。

藤浪　はい。敷金が300万円ありますが、明渡費用と原状回復費用が300万円を超える見込みです。そうすると、破産管財人に明渡しを委ねても財団が

第2章　小規模事業者の事案　51

増殖することはなさそうなので、破産申立前に明渡しを完了させる方向で準備を進めています。

　新庄　申立代理人が明渡作業を行うことになると、その分、破産申立ての時期は遅れることになるけど、特にリスクはないのかな。

　藤浪　今月末に事業停止・受任通知発送を予定しているのですが、それまでに事業譲渡を完了させたうえで、貨物自動車の名義変更や売掛金の回収、新庄先生の預り金口座への預金移動も完了させる予定です。そうすると、本件では事業停止後に滞納処分をされそうな資産は残らないので、私たちが明渡作業を行っても特に問題ないと思います。むしろ、破産管財人に明渡しを委ねることになれば、明渡完了までの賃料が財団債権となってしまうので、本件では私たちで明渡作業を行う方がよいと考えています。

　今月27日が来月分の賃料の支払日なのですが、この賃料は支払う予定なので、リース品の引揚げに時間がかかったとしても、来月いっぱいは明渡作業に使うことができます。なお、現社屋の賃貸人が社長とは旧知の仲であり、動産類が撤去されていれば、造作の撤去や早期解約違約金も敷金の範囲でなんとかしてくれるとのことで内々に了解を得ています。

　　⇒第3部テーマ解説第12章1「申立代理人において賃借不動産の明渡しを行うことの要否」[133頁]

　新庄　それなら問題なさそうだね。賃貸人との間ですでに明渡しに向けた話が進んでいるのであれば、明渡しの完了についてあとあとトラブルにならないように、明渡しの際に明渡確認の合意書を作成するようにしようか。

　そういえば、割賦で購入した所有権留保付自動車が何台かあったと思うけど、第三者対抗要件が具備されていることは確認済みかな。第三者対抗要件が具備されていない場合は、担保権者は破産管財人に対抗できないので、明渡作業のなかで安易に引揚げに応じるのではなく、早めに破産手続を開始させて破産管財人に引き継ぐことも検討する必要があるからね。

　藤浪　確認しましたが、いずれも第三者対抗要件は具備されていたので、問題なさそうです。

52　第2部　ストーリー別にみる「破産手続併用型事業譲渡」

新庄 ところで、公租公課庁から社長に何か連絡はあったかな。

藤浪 滞納消費税について「今月はいくら支払えそうか」という確認の電話があったそうです。

新庄 ツクシ建装が普段と違う動きをしていると公租公課の滞納処分を誘発するおそれがあるから、売掛金の回収や預り金口座への預金移動等の資産の保全が完了するまでは、事業譲渡や破産申立ての準備を進めていることを察知されないようにしないといけない。この点は社長にもしっかり説明しておいてね。

　　　　　⇒第3部テーマ解説第1章3 「滞納処分を意識した対応」[82頁]

藤浪 念のため、ツクシ建装の預金については、インターネットバンキングを使って残高すべてを新庄先生の預り金口座に移動してもらっています。

新庄 新会社が承継する資産の搬出や不用品の廃棄をどうするかについても検討できているかな。

藤浪 新会社が承継する資産は、新会社へ移籍する予定の従業員と息子さんらで数日間あれば移動できる分量ということでした。電気工事関係の材料ですが、電線など一部換価できる工事材料の買取金額の範囲内で、廃棄物の処分と明渡作業をしてくれる業者を手配済みです。あと、リース品である複合機と電話機はXデー後、早急に引き揚げてもらうようにリース会社に依頼します。

新庄 ありがとう。そうすると、明渡費用はかなり節約できそうだね。リースの複合機だけど、新会社が残リース料について重畳的債務引受をすることで継続使用ができる可能性があるから、そういう希望がないかどうか息子さんに確認しておいてね。事業譲渡対価はどうかな。

藤浪 息子さんから、電話とプロバイダー契約、顧客リストを引き継ぎたいという希望があったので、その分、事業譲渡対価を少し上げてもらって80万円で落ち着きました。

新庄 そうすると、事業譲渡対価が80万円、売掛金回収分が50万円、その他の現預金を合わせると、われわれの報酬を除いても480万円くらいは準備

第2章　小規模事業者の事案　53

できることになりそうだね。それを前提とすれば従業員の処遇はどうなるのかな。

藤浪　新会社で雇用する内装工事部門の従業員3人には自主退職してもらい、電気設備の設計・施工部門の従業員4人は即時解雇する予定です。解雇予告手当が約100万円、最後の給料が約200万円となるのですが、これらを全額支払ったとしても、少なくとも150万円は引継予納金に充てられるので、解雇予告手当と最後の給料は全額支払っても問題ないと思います。

新庄　従業員にはどのタイミングで説明するのかな。

藤浪　Xデーの何日前に説明するのがよいか、決めかねているところです……。

新庄　従業員の個性や、これまでの社長・息子さんとの関係にもよるから、別途対応を検討しよう。この点はさらに社長と詰めておいてね。

⇒第3部テーマ解説第7章4「承継されない従業員への対応」[115頁]

新庄　あとは、貨物自動車の名義変更だね。

藤浪　息子さんには、事業譲渡契約を締結しても、名義変更が完了するまでは滞納処分の対象となることを説明して、法人設立直後に息子さんの義理のお父さんの自宅ガレージで車庫証明が取得できるように、土地の所有者である義理のお父さんの同意書も準備してもらっています。

新庄　ところで、仕掛工事については、事業譲渡後に息子さんが工事を完成させるということだったけど、どうなりそうかな。

藤浪　内装工事のなかでも、ツクシ建装の主な業務は壁や天井のクロス張りでして、主に工務店から、一戸建て住宅やマンションの新築及びリフォーム工事、店舗や事務所の内装工事を受注していました。

現在は現場数で4件の工事が進行中です。規模としては1契約当たりの受注金額は最も大きいものでも100万円程度です。

新庄　工事の規模としては建設業法の許可が不要な「工事一件の請負代金の額が500万円に満たない工事」（建設業法3条1項ただし書、同法施行令1条の2第1項）ばかりだね。そうすると、新会社で建設業許可が取れていなく

54　第2部　ストーリー別にみる「破産手続併用型事業譲渡」

ても、新会社で工事を継続することに特段問題はないね。

　藤浪　息子さんによると、今後、大きな内装工事案件も受注したいとのこ
とで、新会社で新規に建設業（内装仕上工事）の許可を申請する予定のよう
なのですが、申請から許可まで最短でも2か月程度は必要ということでし
た。

　新庄　今回は新会社が仕掛工事を継続するうえでひとまず許認可は不要だ
からよかったけど、承継対象事業が許認可事業の場合には注意が必要だよ。
事業譲渡に伴って許認可の承継が可能なものもあるけど、承継の可否や手続
については許認可によって異なるからね。

⇒第3部テーマ解説第10章「許認可」［126頁］

　新庄　ところで、仕掛工事を新会社で継続することについて、発注者への
説明はどのタイミングで行う予定かな。

　藤浪　いずれの工事も事業譲渡直後に社長と息子さんが発注者に説明に行
く段取りをしてもらっています。新会社で責任をもって仕事は完成させるこ
とを説明しますから、特に混乱は起きないと思います。

　新庄　それなら安心だね。事業譲渡契約書の準備はできているかな。株主
総会手続の要否（必要となる場合には、株主総会決議に要する期間等）や従業
員説明会など、事業譲渡の実行までに必要となる手続と、必要な期間を事前
に検討して、対応漏れがないように進捗管理を行うことが大切だよ。

　藤浪　はい、準備万端です。事前に教えていただいた注意点は網羅できて
いると思います。ツクシ建装の株主は社長ひとりだけなので、機関決定で問
題が生じることもありません。

　新庄　事業譲渡契約の締結日や代金支払日はどうなるのかな。

　藤浪　公租公課庁には受任通知は送付しませんが、事業停止を察知される
と滞納処分を受けるおそれがあるので、少なくとも事業停止日までには貨物
自動車の名義変更を完了させたいと考えています。少しでも早く名義変更の
手続に入るため新会社の設立直後に事業譲渡契約を締結のうえ、その日のう
ちに事業譲渡代金を支払ってもらう予定です。

第2章　小規模事業者の事案　55

新庄　よし、それでいこう。譲渡代金の振込先は私の預り金口座にしておこうか。

　　　⇒第3部テーマ解説第5章1「事業譲渡契約の内容と留意点」[107頁]

新庄　売掛金の回収も事業停止日までにはできそうかな。

藤浪　長期間回収不能となっているもの以外は、事業停止日までには回収できそうです。

新庄　あとは破産申立ての準備だね。

藤浪　こちらは、破産申立後速やかに開始決定が出るように、とりあえず、事務局に債権者一覧表、財産目録等の作成に入ってもらいます。

新庄　今回の申立てで裁判所と破産管財人は事業譲渡の経緯と内容、譲渡対価の適正性に着目するだろうから、その点を報告書に盛り込むようにしてね。譲渡対価を検討する際に取得した各譲渡対象資産の見積書も添付した方がいいね。事業譲渡のプロセスや対価が適正なのは当然のこととして、それをあとから検証できるようにしておくことも大事だからね。

藤浪　はい。それは着手未了なのでこれから急いで準備します。

新庄　そういえば、息子さんから「ツクシ内装がツクシ建装の事業を承継した旨記載した挨拶状を、ツクシ建装とツクシ内装の連名で顧客や取引先に送付したい」という連絡があったんだよ。

　ひとまず文案を送ってもらうようお願いしておいたので、文案が来たら内容を確認してもらえるかな。

藤浪　分かりました。確かに、挨拶状に不正確な記載があると無用な誤解を招くリスクがありますし、弁護士が確認した方がよさそうですね。

　まとめると、今後のスケジュールは次のようになりそうです──

　　3月17日　新会社設立登記完了

　　3月18日　事業譲渡契約締結、譲渡代金支払

　　3月25日　貨物自動車の名義変更・売掛金回収完了

　　3月30日　預り金口座への預金移動完了

　　3月31日　事業停止・受任通知送付

56　第2部　ストーリー別にみる「破産手続併用型事業譲渡」

新会社で雇用する従業員の自主退職

新会社で雇用しない従業員の即時解雇

最後の給料・解雇予告手当支払

4月1日　新会社から取引先・顧客宛ての挨拶状発送

4月7日　譲渡対象の工具類・内装材料の搬出完了

8　20XX年4月7日（Xデー1週間後）

　新庄　事業停止・受任通知送付から1週間が経過したけど、明渡作業は順調かな。

　藤浪　事務所内のリース品や駐車場にある所有権留保付自動車の引揚げはあと数日もあれば完了できそうです。ツクシ内装に事業譲渡した工具類・内装材料の搬出も完了しましたので、想定していたよりも早く明渡しを完了できそうです。

　新庄　思ったよりも早く対応してもらえたみたいだね。債権者対応についても特に問題は発生してないかな。

　藤浪　公租公課庁には受任通知は送付していなかったのですが、ちょうど昨日、社長に電話があり、今月の事業状況や納税意思の確認があったそうです。嘘をつくわけにもいかないので、社長から、事業を停止して破産準備に入った旨を徴収担当者に伝えたそうです。そうしたところ、徴収担当者がすぐに本社事業所に来られるということで、本社事業所で明渡作業をしていた社長から連絡があり、すぐに私も本社事務所に向かいました。

　徴収担当者から、「貨物自動車はどこにあるのか？」といった確認や「売掛金のリストを提出してほしい」との要請がありましたので、私から、ツクシ内装に内装工事事業を事業譲渡しており、貨物自動車は承継対象資産としてすでにツクシ内装に譲渡されていること、事業譲渡代金を含めてツクシ建装の預金は破産申立費用とするためにすべて申立代理人が預かっていること、売掛金については長期間回収不能となっているものを除いてすべて回収済みであることを説明しました。なお、事業譲渡代金を含めて、ツクシ建装

第2章　小規模事業者の事案　57

の預金を当方で預かっていることについては、特に質問されなかったので、こちらからは説明していません。

　新庄　そのような気配りも重要だね。売掛金が残っていたり、自動車の名義変更が完了していなかったりすれば、差し押さえられていたところだったね。ほかに債権者対応で困っていることはないかな。

　藤浪　内装工事事業の買掛金債務の一部については、今後も取引を継続してもらえるよう、取引先にできるだけ迷惑をかけたくないとのことで、事業を承継したツクシ内装が第三者弁済を行ったようです。そのため、第三者弁済の対象とならなかった取引債権者から、「不平等ではないか？」「法的に問題ではないか？」といった内容の問い合わせが何件かきています。

　新庄　債務者の立場にあるツクシ建装が特定の債権者に対してだけ弁済しているというわけではないから、法的には何の問題もないよね。

　ただ、債権者からみれば、脱法的に息子さんが事業を引き継いでいて、一部債権者のみが優遇されているのではないか、という疑念を抱くこと自体は無理もないよ。だから、できる限り疑念や誤解を生じさせないよう、このような問い合わせに対しては、事業譲渡にあたってツクシ内装には適正対価を支払ってもらっていることや、事業譲渡の適正さについて破産管財人が中立的な立場から検証することになることを、丁寧に説明することが重要だね。

　藤浪　代表者の親族が経営する会社に破産申立前に事業譲渡を行うという事案は初めてだったのですが、債権者からこのような問い合わせがあるとは思いませんでした。

　新庄　だからこそ、適正な事業譲渡であるということを説明できるようにしておくことが重要だよね。申立書類の準備状況はどうかな。

　藤浪　事業譲渡に関する報告書も含めて、ひととおりできました。

　新庄　事業譲渡対象の工具類・内装材料の写真についてはそこまで分量もないから、資料として添付することにしようか。もし分量が多ければ、申立書類には含めずに、破産管財人に直接写真データを引き継ぐことでも大丈夫だよ。

　藤浪　分かりました。裁判所への事前相談は行った方がよいでしょうか。

新庄　破産管財人がすぐに動く必要があるような事項があれば事前相談を行った方がよいと思うけど、本件では明渡しも完了しているし、事業譲渡については適正に行ったことを報告書で詳細に説明しているから、事前相談までは不要だと思うよ。

　　　⇒第3部テーマ解説第8章2「Ｘデー後の要対応事項と破産申立準備」
　　　　［120頁］

新庄　そういえば、社長個人の債務についてはどのように処理することになるかな。

藤浪　従前、社長個人で借入れを行ったうえで会社の運転資金にまわすことが何度もあったようで、連帯保証債務以外にも多額の固有債務があるようです。そのため、破産はやむを得ないと思います。社長の意向としても破産で異存ないとのことでしたので、ツクシ建装の破産申立てと同時に社長個人についての破産申立ても行う予定です。

新庄　多額の固有債務があるとなると、経営者保証ガイドラインの利用は難しそうだね。そうしたら、申立書類もできているようだし、明渡しと申立書類の社長確認が完了次第、申し立てるようにしようか。

藤浪　分かりました。今後は、次のようなスケジュールで手続を進めていく予定です——

　　　4月12日　リース品・所有権留保付自動車の引揚げ完了
　　　4月13日　明渡確認の合意書締結
　　　4月15日　破産申立て

9　20XX年4月20日（破産申立てから数日後）

藤浪　先ほど裁判所から破産管財人候補者と開始決定予定日の連絡がありました。事業譲渡については経緯や内容を報告書で丁寧に説明したこともあり、裁判所からの指摘事項は特にありませんでした。

新庄　事業譲渡について裁判所に理解してもらえてよかったね。

第2章　小規模事業者の事案　59

もし事業譲渡することなく破産していたら、明渡作業も大変だっただろう
し、解雇予告手当や最後の給料も全額支払うことはできなかったかもしれな
い。そう考えると、今回、事業譲渡ができたことによって、一部ではあるも
のの事業を残して従業員の雇用を守ることができただけでなく、解雇予告手
当や最後の給料も支払うことができたし、その意味でも事業譲渡をやった意
義はあるよね。あとは破産管財人への引き継ぎを終えれば一段落だね。

　藤浪先生も破産申立案件をいくつか経験して、安心して仕事を任せられる
ようになってきたね。これからも頼りにしてるよ。藤浪先生にお任せして、
私は宴会ばかりしててええんかい。

藤浪　……。

第3章

担保権者との交渉が必要となる事案
～タンポポ製菓のストーリー～

1　20XX年5月1日（初回相談直後）

　新庄　税理士の鳥谷先生の紹介で、タンポポ製菓という洋菓子店について相談があったんだ。一緒に対応してくれるかな。

　藤浪　分かりました。先ほど新庄先生の外出中に鳥谷先生から電話があり、私も概要についてお聞きしたところでした。

　新庄　それなら話は早いね。コロナ禍の影響で経営が厳しくなっているうえに、後継者もいないので、事業を第三者に承継することを検討しているらしい。メインバンクのミツバチ銀行経由ではスポンサーは見つからなかったものの、仲のよい会社の社長に相談したところ、同じ地域で和菓子店を営んでいる会社が洋菓子事業への参入を検討していたらしく、興味をもってくれたらしい。そのことをメインバンクに相談したら、「事業譲渡をするなら弁護士を入れてきっちり検討してくれ」といわれたものの、タンポポ製菓には知り合いの弁護士がいなかったので、顧問税理士の鳥谷先生がウチに声をかけてくれたんだ。初回相談時に聞きとった内容を概要メモにまとめたから、この概要メモを基に、まず、問題点を整理しようか。

　藤浪　滞納公租公課がかなり大きいですし、資金繰りも3か月しかもたないことを踏まえると、私的整理や民事再生は難しいので、破産はやむを得ないと思います。事業譲渡によって事業を残そうとしても、ナノハナ衣料やツクシ建装のときとは違って、自社所有の本社工場には根抵当権が設定されていますし、お菓子の製造機械もリース物件が多いです。また、自社所有の主力店舗は借地上の建物ですし、ほかの店舗も賃借物件です。そのため、事業譲渡には担保権者や賃貸人との交渉が必要です。

第3章　担保権者との交渉が必要となる事案　61

タンポポ製菓の概況

商　　　　号	株式会社タンポポ製菓
事 業 内 容	洋菓子の製造・販売業（食品衛生法の菓子製造許可あり）
年 間 売 上 げ	2.5億円（ピーク時は5億円）
営 業 利 益	▲3,000万円／年
主 な 負 債	金融負債　1億3,000万円（2銀行）＋リース2,000万円 退職金　　1,000万円 取引負債　仕入先（食材）など
滞納公租公課	2,000万円
従 業 員 数	正社員10名（その他はパート・アルバイト及び人材派遣）
主 な 資 産	現預金（1,500万円）、売掛金（クレジットカード払い・卸売り分）、製造機器（リース機器あり）、車両運搬具、在庫商品
備　　　　考	創業60年の老舗洋菓子店。地域で有名な焼菓子の商標を数点保有。コンビニスイーツの台頭により業績が下降傾向にあったところに、コロナ禍の影響による土産物需要の減少や、結婚披露宴の取りやめが重なり売上急落。加えて、原材料価格の高騰により収益が悪化し、1年前からリスケ中（利払いのみ）。 株主は創業者一族8名。役員は代表取締役社長（3代目）ほか代表者一族2名、取締役会設置会社。株式は一族に分散。 次のとおり本社工場と直営店舗がある。 【本社工場】 土地建物いずれも所有（メインバンクを抵当権者とする根抵当権付） 【直営店舗】 借地上の所有建物（無担保）。その他デパートや駅の一区画に出店 1か月あたり約300万円の営業損失を計上しており、このままでは資金繰りは3か月で破綻する（その時点での現預金500万円）。 売上げ　　　　　　　　2,000万円 売上原価（仕入等）　▲800万円 売上総利益　　　　　　1,200万円 販管費　　　　　　　　1,500万円

ほかに気になる点として、タンポポ製菓の創業家は現在3代目であり、過去の相続によって株式が分散しているので、事業譲渡の際に株主総会の特別決議をスムーズに得られるかという問題もあると思います。また、許認可の処理や商標権の譲渡も必要となります。

　新庄　大きな問題点は整理してもらったとおりかな。じゃあ、いまの点について、順番に検討していこうか。

　藤浪　まず、本社工場を譲渡できないことには、タンポポ製菓の事業譲渡はできませんが、本社工場にはミツバチ銀行を抵当権者とする根抵当権が設定されています。破産が見込まれるのに根抵当権を解除してもらうことはできるのでしょうか。

　新庄　基本的には、民事再生の別除権協定による受戻しと同じように、担保権者に事業譲渡の意義をしっかりと説明して理解を得られるよう努めて、不動産評価を踏まえた受戻額について合意することができれば、破産が見込まれる事案でも解除してもらえる可能性はあるよ。もちろん破産が見込まれる場合、担保権者との交渉にあたっては、再建型の法的手続に入っている場合とは違って情報管理や説明方法などが特に重要になるから、より注意が必要だけどね。

　抵当権者であるミツバチ銀行との従前の協議状況や、ミツバチ銀行のタンポポ製菓に対する姿勢について、鳥谷先生から何か聞いてるかな。

　藤浪　ミツバチ銀行は、タンポポ製菓が創業60年の地元で有名な老舗ということもあって、なんとかして事業を継続できないかと親身に相談に乗ってくれており、再建スキームの検討やスポンサー探索にも積極的に動いてくれていたそうです。

　新庄　そういうことならミツバチ銀行の理解は得られやすいかもしれないね。不動産の評価については、何か客観的な資料はあるかな。

　藤浪　特に資料はないようなので、不動産鑑定を取得しようと思います。

　新庄　その前に、ミツバチ銀行の担当者に挨拶に行って事情を説明しながら、方針について理解が得られそうか感触を探ろうか。

第3章　担保権者との交渉が必要となる事案　63

2　20XX年5月20日（ミツバチ銀行との面談直後）

藤浪　ミツバチ銀行は、今回の事業譲渡を前向きに捉えてくれそうですね。業績が悪化するなかで、タンポポ製菓が廃業を前提にした破産を選択することを懸念していたようですけど、今回の面談でその懸念は払拭されたみたいです。

ただし、不動産価格については「適正な価格で」と強調していましたね。

新庄　お菓子屋さんだからといって、おかしな価格ではダメだよね（笑）。

冗談はさておき、しっかりとした評価が必要だから、すぐに不動産鑑定を依頼してもらえるかな。

　　　　⇒第3部テーマ解説第11章1「譲渡対象に担保不動産がある場合の対応」
　　　　　［128頁］

藤浪　譲渡対象となる重要な機械はほとんどがリース資産や割賦資産です。

スポンサーは、民事再生を申し立てた会社の事業を取得した経験があり、そのときは別除権協定を締結してリース資産を残債務より低い金額で取得できたらしく、できれば今回も、リース資産や割賦資産を残債務より低い金額で所有物件にしたいという意向があるようです。そのような協議も可能なのでしょうか。

新庄　もちろんリース会社の同意が得られれば、債務者が現状の評価額をリース会社に支払うことで、完全な所有権を取得することも可能だよ。ただ、法的手続に入っていない段階だと、一定の評価に基づく受戻額で債務者がリース物件を買い取ることには応じてもらえず、残リース料全額の弁済を求められることが多いように思うね。一方で、リース契約の承継であれば、比較的容易に応じてくれるところが多いかな。

ただ、リース会社はこうした協議になれていないところもあるし、安易に接触するとかえって回収行為を誘発してしまう場合もあるから、細心の注意が必要だね。リース物件によっても対応が異なると思うので、リース会社と

64　第2部　ストーリー別にみる「破産手続併用型事業譲渡」

それぞれ個別に協議を進めてみることにしようか。

　　⇒第3部テーマ解説第11章3「譲渡対象にリース物件・割賦物件がある場合
　　の対応」[130頁]

　新庄　次に、店舗の処理について検討しようか。

　藤浪　デパートや駅に出店しているものについては、それぞれ食品エリア
の一区画を店舗として借りています。どの店舗を承継するのかはスポンサー
の意向次第ですが、できるだけ多くの店舗をスポンサーに承継してもらうよ
うに交渉をします。店舗の承継に必要な手続を確認するために、事前に、契
約書を送ってもらうよう社長に連絡しておきます。

　新庄　駅前に所有している店舗建物はどうかな。

　藤浪　スポンサーは「旗艦店なので引き継ぎたい」という意向でしたが、
借地上の建物で、しかも無担保ですので、不動産鑑定士の先生による鑑定評
価を取得したうえで、適正価格で譲渡しようと思います。

　借地権の譲渡について賃貸人である地主の承諾が必要になると思います
が、承諾料の金額はどうしましょうか。

　新庄　承諾料ありきではなく、まずは承諾料なしでの承諾について、地主
と交渉してみよう。

　スポンサーは、この建物を従前と同様に店舗として使用するのだから、地
主には特段の不利益は生じないよね。それに、もし借地権譲渡を承諾しな
かった場合、タンポポ製菓はそのまま破産せざるを得ないので、地主として
は賃料収入もなくなってしまう。それどころか、破産後も建物の買い手が見
つからず、建物の撤去費用を破産財団から捻出できない場合には、破産管財
人は建物を破産財団から放棄せざるを得ないだろうから、地主が建物の撤去
費用を負担しないといけなくなり、損をするリスクもあるといえるよね。

　こうした事情を丁寧に説明して、地主とは真摯に交渉することが大事だと
思うよ。

　　⇒第3部テーマ解説第12章3「譲渡対象に賃借不動産がある場合の対応」
　　[135頁]

　　　　　　　　　　　　　第3章　担保権者との交渉が必要となる事案　65

新庄　タンポポ製菓は洋菓子の製造・販売をしているけど、スポンサーに事業譲渡する際の許認可関係の承継の可否や手続について確認できているかな。

　藤浪　洋菓子の製造・販売をするには、菓子製造業の許可（食品衛生法54条、55条1項、同法施行令35条11号）が必要です。この許可営業者の地位は店舗ごとに取得する必要がありますが、事業譲渡に伴う許可の承継は可能とされています（同法56条）。保健所への事前相談が必要となるようですが、許可の承継にあたって事前審査が必要というわけではなく、事業譲渡後に譲受人が保健所に地位の承継届を行うことにより、速やかに許可を承継できる制度になっているようです。

　新庄　今回は問題にはならないけど、許認可の承継が認められておらず、スポンサーにおいて新たに許認可を取得する場合で、許認可の取得が事業譲渡の効力発生要件になるような場合は、事業譲渡の計画に大きな影響を与えることになるので注意が必要だよ。

　藤浪　許認可関係の承継については、個別法の調査や許認可庁との調整が重要となる場面があることを肝に銘じておきます。

　スポンサーに対しても、事業譲渡後に保健所に対して地位の承継届が必要になることは念押ししておくようにしますね。

⇒第3部テーマ解説第10章「許認可」[126頁]

　新庄　タンポポ製菓は、いくつか自社製品の商標を登録しているみたいだけど、調べてくれたかな。

　藤浪　社長の話では、「A」「B」「C」の3件の商標権が存在するということであり、念のため「特許情報プラットフォーム」（J-PlatPat）でも検索したところ、確かに社長の話のとおりでした。このうち、Aは結構有名なもので、スポンサーはこの商標権を譲り受けたくて名乗りをあげたという背景もあるようです。

　新庄　商標権の譲渡が事業譲渡対価にどう影響するのかについては、検討してくれているかな。

66　第2部　ストーリー別にみる「破産手続併用型事業譲渡」

藤浪　商標権の評価手法は複数ありますが、どれも決定的ではないようです。それに、本件では費用対効果の観点から弁理士に依頼して評価することも難しいと思います。

新庄　Ａはタンポポ製菓の代表的な洋菓子の商品名だから、今回譲渡される事業の一部を構成しているともいえるし、タンポポ製菓の事業の一部としてこそ意味があるのであって、そもそもＡだけを切り出して評価することは難しいよね。事業譲渡においては、商標権は事業の一部と整理して、事業価値を評価すれば足りることもあるよ。

商標権の譲渡手続で留意すべき点は検討してくれているかな。

藤浪　商標権には登録制度があり、移転登録が効力発生要件となっているため（商標法35条、特許法98条1項1号・2号）、譲渡契約を締結するだけでなく、移転登録まで行う必要があります。また、譲渡契約書には、権利が無効又は取消しとなったときにも、タンポポ製菓は何ら責任を負わない旨の担保責任免除規定を設ける必要があります。

⇒第3部テーマ解説第13章「資産別にみる留意点③（知的財産権）」[137頁]

3　スポンサー・担保権者・リース会社との交渉

●スポンサーとの交渉

新庄　本社工場の不動産鑑定の結果はどうだったかな。

藤浪　不動産鑑定士の先生からは、正常価格が2,000万円、特定価格（早期処分価格）が1,400万円という内示がありました。

新庄　まあ、そのくらいだろうね。不動産鑑定士の先生には、内示してもらった価格で正式に鑑定書を作成してもらうようにお願いしておいてくれるかな。

藤浪　分かりました。

新庄　さて、不動産の価格も出たことだし、譲渡価格についてスポンサーのアゲハ堂本舗さんの意向を確認しよう。

＊　　＊　　＊

第3章　担保権者との交渉が必要となる事案　67

藤浪　リース物件や割賦物件については、一応、安価での買取りを交渉してみるものの、難しければ契約を承継することで納得いただけました。

　店舗の承継も、赤字店舗は難しいということですが、黒字店舗は賃貸人がOKであれば基本的に引き継いでもらえ、従業員についても、退職金は引き継がないけれども基本的に赤字店舗の従業員以外は新たに雇用してもらえるということでした。

　新庄　ただ、譲渡価格は、現預金と売掛金をタンポポ製菓に残していく前提で、総額3,000万円が限界ということだから、本社工場の受戻額を考えると、やっぱり私的整理や民事再生は難しいね。別途運転資金も必要だろうし、やむを得ないのかもね。まあ、悩んでいても仕方ないし、金融機関、リース会社、賃貸人と順次交渉していこう。

　あと、事業譲渡の承認のための株主総会が必要だから、株主にも了解をもらわないとね。漏れがないように、やるべきこととスケジュールをまとめておいてくれるかな。

●担保権者との交渉

　藤浪　ミツバチ銀行の担当者に、本社工場の鑑定評価書を提示して、早期処分価格である1,400万円で、担保の解除を依頼してきました。ただ、銀行が取得した評価もあり、それとの関係で、早期処分価格（特定価格）である1,400万円での担保解除はなかなか難しいという回答でした。

　新庄　地域に親しまれているタンポポ製菓の洋菓子を残すことや、地域経済への影響、従業員の雇用継続といった事業譲渡の意義も理解してもらえているかな。

　藤浪　はい。今回も丁寧に説明しましたし、ミツバチ銀行自身もスポンサー探索に動いてくれた経緯もあって、事業譲渡の意義については十分に理解をいただいています。担当者も子どものころからタンポポ製菓の洋菓子が大好きだったみたいで、本当に悩ましいという感じでした。

　新庄　上乗せをするにしても、アゲハ堂本舗さんからは「総額3,000万円を超える対価は出せない」といわれているし、在庫・製造機械といった非保

68　第2部　ストーリー別にみる「破産手続併用型事業譲渡」

全資産の価値を考慮すると、対価の相当性を確保するという観点から、受戻額の大幅な増額は難しいだろうね。時間もないし、スポンサーとの交渉状況や提示対価からすると大幅な上乗せは難しいことを説明して、100万円だけ上乗せ提示をしてみようか。

＊　　＊　　＊

　藤浪　ミツバチ銀行の担当者には、スポンサーから提示を受けている対価は総額3,000万円でそれ以上は難しいこと、承継資産に無担保の在庫・製造機械が含まれており、不動産対価に大幅な増額をすると対価の相当性に疑義が出るため大幅な増額は困難であること、手続費用や従業員給与等の優先債権も確保する必要があることなどを説明し、不動産対価としては早期処分価格に100万円を上乗せした1,500万円が限界だとお伝えしました。

　なんとかご理解いただくことができ、1,500万円で担保解除の内諾を得ることができました。

　新庄　ご苦労さま。担保解除は登記も必要になるから、司法書士の先生への依頼や必要書類の手配なんかもしっかり頼むよ。

⇒第3部テーマ解説第11章2 「担保権者との交渉」［129頁］

●リース会社との交渉

　藤浪　自動車、製造機械、事務機器等のリースがあるのですが、それぞれのリース会社に対して「事業譲渡をして破産をする」とは伝えずに「事業を承継するので買取りや承継ができないか」と打診しました。承継については、与信手続を経て問題なければ必要書類を送るということで、おおむね問題なさそうでした。

　新庄　スポンサーが買い取る話はどうだったかな。

　藤浪　話の流れで、それとなく「買取りというかたちはあり得るのか」と水を向けてみましたが、自動車のリース会社は「まったく受け付けていない」とのことでした。製造機械のリース会社は「残リース料全額を支払ってもらえれば」ということでしたので、やはりスポンサーが希望するように安く買い取るというのは難しそうです。事務機器のリース会社については、古

い複合機や電話機ということもあるのか、残リース料の金額から一定の減額をしたかたちで買取りを検討できるという話でした。

　新庄　やはりリース会社の反応は厳しいね。あまり無理に交渉すると不審に思われるし、この条件をアゲハ堂本舗さんに説明して改めて理解を得た方がいいね。特に自動車は流動性も高く、引揚げも容易だから注意した方がいいよ。

　藤浪　アゲハ堂本舗さんとしても、一度話をしてみて、もし可能であればという程度だったので、現状の条件を説明して改めて理解を得るようにします。

　　⇒第３部テーマ解説第11章３「譲渡対象にリース物件・割賦物件がある場合の対応」[130頁]

●賃貸人との交渉

　新庄　賃借店舗の承継について、黒字店舗は賃貸人がOKなら引き継いでもらえるということだから、交渉を進めようか。

　藤浪　分かりました。賃貸人への説明ですが、破産を予定しているといった話を伝えると混乱を招くように思うのですが、どのように説明すればよいでしょうか。

　新庄　特に賃料等の未払いとかはないんだよね。それなら、破産するとは伝えずに、①黒字店舗については、M&Aを検討しており、運営法人が変更になる可能性があると伝えたうえで、代わりに新たな賃借人が現状有姿でそのまま承継し原状回復義務も引き継ぐという条件で承諾していただきたい、②赤字店舗については、単に撤退することを検討していると伝えたうえで、この日までに原状回復して明け渡すことを検討している、と社長から賃貸人に連絡してもらえばいいんじゃないかな。

　急に事業停止だとか破産だとかいわれたら賃貸人にも迷惑がかかる可能性があるし、スポンサーへの事業承継にも支障を来しかねないよね。

　藤浪　社長と打ち合わせをして、事業譲渡契約の内容が固まり次第、動いてもらうようにします。

70　第２部　ストーリー別にみる「破産手続併用型事業譲渡」

新庄　承継しない店舗について具体的な退去の段取りをどうするか、承継する店舗について賃貸借契約の承継契約を誰が準備するかについても検討しておいてね。

　ところで、駅前にある自社所有の店舗建物はどうなったかな。

　藤浪　社長と一緒に地主に挨拶に行きました。スポンサーの資力に不安がないこと、スポンサーは同業者であり、事業譲渡後の土地の使用形態や客層も基本的に同じであること、もし仮にスポンサーへの事業譲渡ができず単に破産になった場合には、資力の問題から建物の収去も困難になることが予想されることを説明したところ、承諾料なしで承継に応じるとの内諾を得ました。

　新庄　それはよかった。

　藤浪　地主からはタンポポ製菓との解約合意書とアゲハ堂本舗さんとの賃貸借契約書をこちらで準備してほしいとのリクエストがありましたので、ドラフトの作成を進めておきます。

　新庄　よろしく。あと、建物の所有権移転登記手続も必要になるね。アゲハ堂本舗さんの方で特に候補者がいないのであれば、こちらで司法書士の先生にお願いしよう。

　　　　⇒第3部テーマ解説第12章2「明渡作業・賃貸人対応における留意点」
　　　　[134頁]

4　20XX年6月20日（Xデー1か月前）

　新庄　今回のアゲハ堂本舗さんへの事業譲渡を実行したあと、手続費用を十分賄えるか検討できているかな。

　藤浪　はい。事業譲渡対価として総額3,000万円を受領できれば、譲渡対象外の現預金500万円を足すと3,500万円です。これに対し、不動産担保の解除のためにミツバチ銀行に1,500万円を弁済することになりますが、リース物件については、承継するにしても買い取るにしても3,000万円の対価とは別枠でアゲハ堂本舗さんに対応してもらうことになるので、担保抹消の関係

第3章　担保権者との交渉が必要となる事案　71

では1,500万円を超える支出はなく、現預金として2,000万円は確保できそうです。Xデー時点での従業員給与1か月分（約500万円）を支払ったとしても約1,500万円が残りますので、申立代理人報酬や実費、破産予納金は十分に確保でき、退職金の一部も支払えそうです。

　新庄　売掛金も未回収分の350万円は破産管財人が回収するから、破産財団はさらに増加しそうだね。

　ところで、事業譲渡対価は3,000万円としているけど、譲渡対価の相当性は説明できそうかな。

　藤浪　今回、担保不動産の評価を1,500万円として担保解除を受けることになりますが、この1,500万円は正常価格の範囲内ですから、不動産評価としては相当だと思います。そうすると、担保不動産以外の資産の対価が1,500万円となりますが、不動産鑑定士の先生に確認したところ、承継対象の借地権付建物（直営店舗）は800万円程度と評価できるようです。また、製造機械と在庫は、査定を取得したところ、合わせて400万円程度にとどまるようなので、担保不動産以外の資産合計額は1,200万円程度になる見込みです。これに対して対価は1,500万円ですので、相当性は確保されていると説明できます。

　新庄　もし事業譲渡せずに破産申立てをするとした場合、借地上建物の直営店舗については、地主から建物を収去し土地を返還するよう主張されるおそれがあるし、そうでなくても借地上の建物を地主に安価で買い取られてしまうことになるだろうね。それ以外の店舗も費用をかけて明け渡さなければならないことなどを考えれば、事業譲渡せずに破産申立てを行う場合と比較して事業譲渡を行った場合の方が、将来の財団が確保できる金額は大きくなりそうだね。

　　　　　⇒第3部テーマ解説第4章3「事業譲渡対価の検討・検証」[97頁]

5　株主との協議

　藤浪　社長を通じて事業譲渡に反対している株主の説得を試みましたが、

やはり難しいということでした。理屈の問題ではなく、創業家としてのメンツにこだわっているみたいです。

新庄　理屈の問題ではないとなると、説得は難しいかもね。私も社長に同行して、説得を試みてみるよ。事業の存続や雇用の継続といった事業譲渡の意義を理解してもらえるといいんだけど……。

＊　　＊　　＊

藤浪　やはり株主の意思は固かったですね……。

新庄　「事業譲渡の意義うんぬんは関係ない。タンポポ製菓が一族の手から離れるなら潰れてもやむを得ない」とまでいわれてしまうと、もはや理屈抜きの感情の世界だからどうしようもないね。

　一応説得は続けるとして、いつまでも時間をかけられるわけではないから、株主が説得に応じないようであれば、破産管財人に事業譲渡を実行してもらうように並行して準備を進めよう。破産管財人に事業譲渡を実行してもらうためには、事前相談をしておかないといけないから、早速、事前相談メモの作成と必要な資料の準備をよろしく。スキームとしては、譲渡実行日に破産を申し立て、即日開始決定をもらって、その日のうちに破産管財人に事業譲渡契約を締結・実行してもらうイメージになるかな。

　本件では幸いスポンサーも見つかっているし、藤浪先生のがんばりで担保権者や賃貸人の理解も得られているから、問題は事業譲渡対価の相当性だろうけど、私の見立てでは、おそらく問題ないと思う。事前相談メモができたら裁判所のアポを取ろう。

藤浪　はい。準備します。

　　　⇒第3部テーマ解説第14章「破産管財人・保全管理人との連携」[140頁]

6　20XX年7月5日（Xデー2週間前）

　新庄と藤浪は、担当裁判官、担当裁判所書記官及び破産管財人候補者の掛布弁護士と事前相談を行った。

　新庄と藤浪は、事前に送付しておいた事前相談メモに沿って、適宜口頭で

補足するかたちでタンポポ製菓の事案のポイント（これまで検討してきた諸問題及び予定している事業譲渡契約の内容、経済合理性等）について説明したあと、事業譲渡対価の相当性の問題を含むいくつかの点について質疑応答を行った。そのうえで、裁判所からも、掛布弁護士からも、新庄と藤浪が考えている方向性、すなわち、事前に事業譲渡契約書のドラフトや事業譲渡の準備を整え、クロージング日に破産を申し立て、開始決定を受けて、破産管財人が事業譲渡契約の締結・実行に関する許可申請を行い、裁判所の許可を受けて事業譲渡契約を締結し、即日クロージングをする方向で進めることで基本的に差し支えない旨の意見をもらった。

　その後、事業譲渡実行までのスケジュールについて確認・調整を行い、新庄と藤浪は、調整したスケジュールに従って、破産申立書のドラフト等を裁判所と掛布弁護士に提出し、掛布弁護士は事業譲渡に関する許可申請のドラフト等を裁判所に提出した。また、従業員にも経緯を説明し、理解を得て、破産法78条4項に関するアゲハ堂本舗への事業譲渡に賛成する旨の従業員代表の意見書を準備した。

　新庄と藤浪は、事前に調整したスケジュールのとおりにタンポポ製菓の破産申立てを行い、その日のうちに開始決定がされ、掛布弁護士が破産管財人に就任した。掛布弁護士は、開始決定後すぐに事前に提出したドラフトのとおりに事業譲渡に関する許可申請を行い、その日のうちに許可を得て、タンポポ製菓の事業譲渡を実行した。

7　20XX年12月15日

　新庄　そういえば、今日は顧問先の社長と会食だったね。様子見がてら、手土産にタンポポ製菓のお菓子でも買いに行こうか。

　藤浪　いいですね。行きましょう。

＊　　＊　　＊

　店員　新庄先生、藤浪先生、お久しぶりです！　何かお探しですか。

　新庄　顧問先への手土産を買おうと思いましてね。お店の方は順調そうですね。

店員　はい。アゲハ堂本舗さんの和菓子とのコラボ商品をインフルエン
サーが紹介してくれたみたいで、おかげさまで順調です。おひとついかがで
すか。

　新庄　じゃあ、それをいただきます。

＊　　＊　　＊

　新庄　しんどかったけど、あの笑顔をみると、やってよかったな。

　藤浪　はい。私も勉強になりました。落ち着いたらこの成果を同期の勉強
会で報告します。

　新庄　製菓の成果を報告ね。藤浪さんも上手くなったね（笑）。

　藤浪　先生のご指導のおかげです（そんなつもりはなかったんだけどなぁ
……。）。

第3章　担保権者との交渉が必要となる事案　75

第3部

テーマ解説

第 1 章

初回相談の確認事項と
事業譲渡の可能性についての検討

1　初回相談の聴取事項

　初回相談は、適切な手続を選択するうえで極めて重要である。可能な限り早い段階で、資料やデータをもとに、事業内容、事業規模、事業所、組織体制（再建に関する情報を早期に共有すべきメンバーの選定）、株主構成、主要取引先、業務の流れ、財務内容、主要な事業用資産、担保権の設定状況、窮境原因、資金繰り、滞納公租公課の有無、事業立直しの方法と見通し、スポンサー候補者の有無、交渉経過等を確認しておく必要がある。

　なお、初回相談までに一定の情報が入手できる場合には、入手した情報に基づいて一定の見通しを立ててから初回相談に臨むことも有用である。第2部の3つのストーリーについて、それぞれ冒頭の表に記載した情報が得られていた場合の見通しの一例は、以下のとおりである。

⑴　ストーリー1（ナノハナ衣料）の検討・見通し [12頁]

　ストーリー1（ナノハナ衣料）において、社長は、「取引先に迷惑をかけないように廃業したい」との意向を有しているが、事業承継の検討、承継先候補の探索は行っていないとのことであった。

　このような場合でも、資金繰り上、資金ショートまでに6か月程度の時間的猶予があれば、事業の承継先を探索、選定し、実際に事業譲渡等を実行することも十分に可能である。したがって、相談を受けた弁護士としては、このような事例でも直ちに事業の廃止を検討すべきではなく、まずは事業の譲渡先候補を探索、選定する方法を検討する必要がある。

　譲渡先候補が選定でき、その支援額に応じて私的整理や再建型倒産手続

78　第3部　テーマ解説

（民事再生・会社更生）による再生が可能であれば、適切な手続選択を行い、事業の再生を図ることが望ましい。ただし、私的整理や再建型倒産手続による場合、労働債権や公租公課等の優先債権を全額支払う必要があるため、譲渡先候補による支援額（譲渡対価）もそれらを賄えるだけの金額であることが必要となるほか、手続中の資金繰りを維持することも必須となる。事業の収益性や保有資産が乏しい場合には、それほど高額な譲渡対価は見込めず、優先債権への弁済が賄いきれない場合も多く、資金繰りも維持できなければ破産手続を選択せざるを得ない場合も多いのが実情である。

　ストーリー1においては、事業の承継先候補を探索、選定することになるが、年間の営業損失が3,000万円にのぼっており、滞納公租公課が5,300万円にふくらんでいることから、譲渡先候補が選定できたとしても、再生手続を進めるだけの譲渡対価の提示を受けられないおそれが大きい。もっとも、破産手続を選択せざるを得ない場合であっても、適正な対価での事業譲渡は何ら問題となるものではなく、むしろ従業員の雇用維持や取引先の連鎖倒産の防止という観点からは譲渡先候補の探索、選定は積極的に検討されるべきである。

　ストーリー1において、譲渡先候補を探索、選定するにあたっては、例えば、同業他社（同種製品の製造事業者等）や得意先に事業の承継を打診することが考えられる。また、製造業の場合、複数の製品を製造していることも多く、事業部門を分けて複数の事業者に譲渡することも考えられ、1社への譲渡に限定せず、複数社に対する事業部門の譲渡も含め、多様なスキームを想定して譲渡先候補を探索することが考えられる。

⑵　ストーリー2（ツクシ建装）の検討・見通し［43頁］

　ストーリー2（ツクシ建装）において、社長は、「従業員である息子に事業を承継したい」との意向を有していることから、必ずしも譲渡先候補の探索等を行うことが必要な状況にはない。親族・知人等に事業を承継する場合も、否認対象行為とならないような適正な対価での承継であれば、第三者への承継と同様に原則として可能であると考えてよい。ただし、当該親族、知

人等との間で不透明な金銭の動きがある場合など、のちの破産手続において問題となる事情がある場合には注意が必要である。

ストーリー2の場合、年間1,000万円の営業損失が発生しており、収益性も乏しく、事業価値は極めて低いと考えられる。他方で、現預金以外に、売掛金、敷金、車両といった一定の価値のある財産が存在する。そのため、息子に事業を承継するにあたって、譲渡対価の適正性をどのように確保するかが問題となる。息子に、十分な譲受資金がなく、資金調達もできない場合には、承継する資産を絞るなどして承継する事業の範囲を限定するなど、承継する事業・資産の内容と対価の双方からの検討が必要となる。

⑶　ストーリー3（タンポポ製菓）の検討・見通し［61頁］

ストーリー3では、初回相談によって必要な情報を得たことを前提としているが、事前に情報を得ていた場合には、ストーリー3のはじめに行われた問題点の整理を、事前の検討・見通しとして行うこととなろう。

自社所有の本社工場に根抵当権が設定されていることから、これを譲渡対象資産に含める場合には、担保権者との担保解除交渉が必要となり、その場合の情報管理等も問題となる。また製造機器にリース物件があることから、リース物件の処理（リース契約の承継、リース物件の買取りなど）が問題となる。さらに、自社所有の直営店舗が借地上の建物であり、他の店舗も賃借物件であることからこれらの店舗を承継対象とする場合には賃貸人との交渉が必要となるし、承継対象とならない店舗については賃貸借契約の解約、明渡しなどの閉店処理も必要となりそうである。

また、株式が分散していることから、事業譲渡の際に株主総会の特別決議をスムーズに得られるか（事業譲渡を破産管財人に委ねるか）という点が問題となり、許認可事業であることから許認可の承継の可否（承継ができるのか、新たに取得してもらうのかなど）も問題となる。商標権を有していることから、当該商標権の承継も必要となりそうである。

2 譲渡可能な事業及び資産・負債の見極め、譲渡可能性の検討

⑴ 事業・資産状況の見極め

　複数の事業を有する企業において、全体でみれば赤字であっても、本業の収益力を示す営業損益が部門単位で黒字であれば、当該事業は他者にとっても魅力的であり、譲渡の可能性はある。そのため、事業単位・事業所単位で分析する視点も有しておくことが望まれる。また、倒産の危機に瀕した企業が、弁護士のもとに相談に来る際には、すでにどの事業についても赤字が続いているケースが少なくないが、このような場合であっても、当該事業を承継してもらえる可能性はある。工場その他の主要資産、従業員・取引先の確保、設備の取得、内製化によるコストダウン、既存事業とのシナジー効果への期待等の観点で、同業他社その他の関係者が興味を抱く可能性があるからである。したがって、まずは、当該事業の魅力や特徴、商流、事業を承継させる際の問題点等を十分にヒアリングし、必要に応じてM&A仲介会社や事業再生ファンド等のファイナンシャルアドバイザー（FA）のアドバイスを求める。

　いずれにせよ、資金繰りが一定期間持続可能な状況であれば、直ちに破産をするという判断をするべきではなく、スポンサー候補者を探索し、その意向を踏まえた再建手法を検討していくこととなる。資金繰りの限界が近づいている場合でも、事業を残すメリットを最大限意識して、可能な限り、譲渡を試みることが望ましい。

⑵ 事業譲渡の可能性・範囲の検討

　事業譲渡と一口にいっても、何を承継し、何を承継しないこととするか（あるいは承継できるか、できないか）は事案によって異なり、さらには、承継スキームも資産の売買、会社法上の事業譲渡、会社分割と多様である。純粋に資産に魅力を覚えるスポンサーであれば、その資産に関連する事業の譲受けを希望する場合もあろうし、商圏の獲得をも視野に入れるスポンサーで

第1章　初回相談の確認事項と事業譲渡の可能性についての検討　81

あれば、商取引債務の承継まで検討する可能性もある。

　債務者代理人としては、事業譲渡が財産換価の側面を有することに留意し、譲渡対象となり得る資産及び負債を精査しなければならない。承継する事業とは無関係かつ独立して価値のある個別の資産（例えば、遊休資産となっている不動産等）についてまで、不用意にあれもこれも譲渡対象とすればよいわけではない。一方、多額の処分費用を要するなど破産財団を毀損するような負の資産（例えば、利用価値のない原材料など）を、ほかの資産と一緒にスポンサーが引き取ってくれるような場合には、積極的にこれを検討することが好ましい。

　資産・負債の承継とは別に、従業員の承継に関しても検討が必要である。従業員の雇用をできる限り維持することも、事業譲渡の意義のひとつだからである。承継の法形式としては、雇用契約を事業譲渡の承継対象に含めた場合、スポンサーにおいて退職金債務や簿外の残業代債務まで承継することになるため、スポンサーは雇用契約をそのまま承継することはせず、承継対象の従業員を債務者において合意退職又は解雇させ（即時解雇を選択する場合には、別途、解雇予告手当の支出が必要になる。）、スポンサーにおいて再雇用するという方法で従業員を承継することが多い。

3　滞納処分を意識した対応

　窮境に陥った法人の場合、公租公課を滞納しているケースも多い。そのため、特に滞納公租公課がある事例においては、滞納処分を回避するため、密行性・迅速性の確保が重要となる。この点は事業譲渡契約締結前に限ったものではなく、公租公課庁が事業譲渡の事実を認識した時点で、会社に滞納処分の対象となる資産が残っていれば、公租公課庁は直ちに滞納処分を行ってくる場合が多い。そのため、事業譲渡契約において承継対象に含めない資産（事業譲渡会社に残す資産）がある場合で、当該資産に一定程度換価価値のある場合には、可及的速やかに破産手続開始決定を受けることが望ましい。もちろん事案ごとに個別具体的な検討が必要であるが、破産申立前に行う事業譲渡は、その後の破産手続に連続するものであり、財産保全行為としての性

質をも有することを意識した対応が求められる。

> **コラム** **事業停止による影響が大きく事業を継続せざるを得ない事案**

　債務者が窮境に陥った場合でも、その事業が有する特性等から、事業を停止することによる影響が大きく、事業を継続せざるを得ない事案（平たくいえば「やめるにやめられない事案」）がある。例えば、ペットショップや養殖業、牧場などの生き物を扱う業種[14]や、病院・介護施設等[15]はその典型であるといえる。

　そのような事案でなくとも、事業の停止による混乱を回避し、あるいは、事業を継続し、有機的一体性を有する「事業」として譲渡することによって債務者財産の価値を維持するために、事業継続が選択される場合[16]もある。そのような場合に有用なのが、保全管理手続や、破産管財人による事業継続である。申立代理人に事業の維持・継続のノウハウがない場合でも、一刻も早く申立て準備を行い、裁判所に事前相談をする等すれば、対応することは可能である（重要なのは「スピード」である。）。

　筆者が経験した事例としては、全国各地に約30店舗を有するボウリング店で、多くの店舗が商業施設に入っていたことから、急に店舗を閉鎖してしまうと、商業施設の大きな区域が閉鎖されてしまい、商業施設全体に大きな影響を与えてしまうというものがあった（民事再生手続の管財人代理として関与）。この事例では、事業継続のための資金も不足している状態であったが、店舗を閉鎖しにくいという事情に鑑み、賃貸人の

14　岡伸浩ほか編『破産管財人の財産換価［第2版］』（商事法務、2019年）603頁以下。
15　岡伸浩ほか編『破産管財人の財産換価［第2版］』（商事法務、2019年）611頁以下。
16　野村剛司編『実践フォーラム破産実務［補訂版］』（青林書院、2024年）165頁以下。

第1章　初回相談の確認事項と事業譲渡の可能性についての検討　83

協力を得て、共益債権である手続開始後の賃料の支払もストップし、手続開始から約1か月間（ゴールデンウィークが終わるまで）営業を継続し、手続費用を稼ぎつつ、その間にスポンサー候補者を探索するという方針をとり、実際にいくつかの店舗を譲渡することができた。また、債権者破産申立ての事案で、全国に10店舗以上を有するガソリンスタンドにつき、有機的一体性を有する「事業」として譲渡するために、事業継続を行ったというものがある（保全管理人代理、破産管財人代理として関与）。この事案についても、ほとんどの店舗をスポンサーに譲渡することができた。

　その他にも、債務者が事業を急に停止してしまうと最大の販売先（A社）の仕入れがストップし、A社の事業に大きな影響を与えてしまうという事情から、供給責任を果たすため、当該販売先の要請で、B社（A社及び債務者の取引先）が債務者から製造装置や在庫等を買い取り、工場も従来の債務者の工場を一時使用して、工場の所有者に使用料を支払いながら債務者に代わって生産を継続したという事例がある（B社代理人として関与）。その事案では、債務者の資金繰り破綻（手形の不渡り）までほとんど時間がなく、債務者から買い取る製造装置や在庫等を査定する時間的余裕がなかったため、買取り時には暫定的な値付けを行い、破産手続開始後に、破産管財人との間で精算をすることとした。

　以上のように、債務者のもとでは事業を継続することが困難でも、破産管財人、保全管理人等のもとで事業を継続することで、事業停止に伴う混乱を回避し、また、債務者財産の保全を図ることができるのである。

第 **2** 章

事業承継先（スポンサー）の探索と選定

1 事業承継先の探索方法

　事業承継先の探索方法としては、会社や代理人等の人的関係を通じて探索する方法、ファイナンシャルアドバイザー（FA）に依頼する方法、各地の事業承継・引継ぎ支援センターなどの制度・機関を利用する方法、金融機関を通じて探索する方法などがある。規模の大きい所有不動産がある場合、不動産仲介業者に対して事業も含めて承継してくれる先を探している旨を説明することで、不動産仲介業者が事業承継先を紹介してくれる場合もある。

　一般論としては、より多くのスポンサー候補者に打診することが、選定過程の合理性・相当性を基礎づけるという観点で望ましいといえる。他方で、事業規模、資金繰り（スポンサー探索のために捻出できる費用）、時間的制約、密行性の保持の観点で、必ずしもあらゆる選択肢を採る必要があるというわけではなく、事案に応じた対応をすることでよい。

　特に小規模事業者の場合には、FAに依頼する費用の捻出も難しい場合も少なくない。その場合でも、代表者や会社関係者のつてで同業者や取引先等に声がけすることでスポンサー候補者が見つかる場合もある。また、金融機関の協力が得られる事案では金融機関からスポンサー候補者を紹介してもらえる場合もある。ただし、密行性の保持や情報管理の観点（無用な信用不安を起こさないようにするという観点）から広くスポンサーを探索できないこともあるので、その点は留意が必要である。

　スポンサー候補者は、必ずしも同業者や類似事業者に限られるわけではないことにも留意が必要である。スポンサー候補者として事業承継先を探索するにあたっては、まず、同業者や類似事業者が事業の拡大を図る場合が考え

第 2 章　事業承継先（スポンサー）の探索と選定　85

られるが、異業種の事業者が異なる分野に進出しようとして事業承継先になることも考えられる。

　一般的には、会社の「強み」と「弱み」を客観的に把握したうえで、どのような事業者であればその「強み」を生かすことができるか、また「弱み」を補完することができるかという点にも留意したうえで、いわゆる「シナジー効果」が見込める先をスポンサー候補者として検討することになると考えられる。

　なお、スポンサー支援の打診先において株式を取得するというスキームを念頭に、「取引債務や金融負債も含めすべての債務も引き継がなければならない」との誤解が生じている場合も多い。その場合には、基本的には金融負債は引き継がず、必要な取引債務のみを承継することも可能であると説明することにより、スポンサー候補者として名乗りをあげてくれる場合もあるので、その点の説明を丁寧に行うことも重要である。

2　スポンサーの選定方法（入札手続の手法等）

　スポンサー選定の過程において、FAを利用して入札手続を採用する場合の一般的な流れは次のとおりである（なお、必ずしも入札手続を経ることが必須というわけではない。）。

　まず、FAとの間でスポンサー選定手続に関する業務委託契約を締結し、スポンサー候補者のリストアップをする。次に、対象会社名を明示しない概括的な資料を提示してスポンサー募集の案内を行い、興味を示した企業との間で秘密保持契約を締結し、入札のために必要と考える資料を提供する[17]。そのうえで、スポンサー候補者から適宜事業に関する質問を受け付け、対応する。その後、実際に入札と開札を行い、スポンサー候補者を選定する。

　選定の視点として、対価は重要な点であるが、そのほかにも、承継できる従業員の範囲、スキームなども重要な考慮要素となる。金額面で劣る候補者

---

[17]　例えば、入札要綱、商業登記簿謄本や定款などの基礎的な資料、直近3期分の決算書、直近の試算表等の財務資料などが考えられる。木内道祥監修＝軸丸欣哉ほか編著『民事再生実践マニュアル［第2版］』（青林書院、2019年）412頁以下などを参照。

86　第3部　テーマ解説

をスポンサーとして選定する場合には、なぜその候補者を選定するのかについて合理的な説明を行うことが求められる。なお、条件が拮抗している場合には、上位数社の間で再入札をかけることもあり得るが、あらかじめ再入札が想定される場合には、公正性を確保する観点から、当初の入札要綱にもその旨記載しておくことが望ましい。当然ながら、入札手続を経たからといって、複数のスポンサー候補が現れる保証はないが、一度入札手続を経たものの複数のスポンサー候補が現れなかったこと自体が、のちに選定されるスポンサー候補の選定過程の合理性を基礎づける一事情になる。そのため、事業規模等から複数のスポンサーが現れることが見込まれ、資金繰りの観点からも入札手続を実施することが可能な場合においては、入札手続を経ることはやはり有用といえよう。

第 3 章

手続選択

　一般論として、事業の再建のためには、私的整理、民事再生（会社更生）、特別清算、破産の順、すなわち事業価値の毀損度が軽微な順で検討することが望ましい。ただ、私的整理や民事再生によって事業を再建するには、計画成立までに一定の時間を要することから、当面の資金繰りが保たれることが前提となる。また、最終的な計画は清算価値保障を満たす必要があり、そのためには公租公課等の優先される債権をすべて弁済できるだけの弁済原資を確保する必要がある。自主再建が困難でスポンサー型の再生を目指す場合は、事業承継の対価で、この弁済原資を確保できるかどうかが課題となる。申立前にスポンサーを見つけられない場合でも、広くスポンサーを募る趣旨で、民事再生を申し立て、そのなかで弁済原資を確保できるだけの対価を拠出してくれるスポンサーを探索していく事案もある。このような事案では、申立後スポンサー探索に費やす時間は、民事再生申立ての事実が公になることによる事業価値の毀損の程度も視野に入れながら決定することになる。

　申立前にスポンサー候補者が見つかっているものの当該スポンサー候補者の支援金額では弁済原資を確保できず、かつ、従前の探索状況からして、民事再生を申し立てたとしても弁済原資を確保できるだけの対価を拠出してくれる新たなスポンサーが現れる可能性が低い場合には、破産手続併用型事業譲渡を検討することになる。破産の場合は、「破産した企業の事業」という風評被害が生じる可能性もあるが、近年は事業譲渡の数も増加してきたことから、スポンサー候補が、必ずしもこれを嫌うとは限らない。また、手続の負担の違いから、民事再生の場合よりも迅速な譲渡が実現できる可能性もある。

　破産手続併用型事業譲渡の場合、①申立代理人によって事業譲渡を行うパ

88　第3部　テーマ解説

ターン、②申立代理人が前さばき（例えば、事業譲渡先との交渉を経て事業譲渡の範囲と対価について大枠の合意ができている段階まで進める。）をしたうえで破産申立後に保全管理人又は破産管財人によって事業譲渡を行うパターン、③申立前に事業譲渡契約を締結して破産管財人に事業譲渡契約（双方未履行双務契約）の履行を選択してもらうパターンなどのバリエーションが考えられる。①～③の手続についてどれを採用するかの考慮要素については、否認その他の問題を避けて法的安定性を重視する場合は②や③が望ましい（なお、②のうち、破産手続開始決定によって許認可が取り消されるような場合には保全管理人における対応を選択することになる。）。ただし、②と③は、破産申立てが対外的に公表されたのちの事業譲渡となるため、事業価値が毀損するおそれがあることや保全管理人・破産管財人の判断が介入することに留意する必要がある。他方、申立てまでにスポンサー探索を適切に行っているなど、申立前事業譲渡を選択した理由・経緯を裁判所や破産管財人に対して十分説明できるケースでは、①を選択することも十分合理性のある判断である。

　なお、スポンサー候補者が、②や③を希望する場合もあるため、スキームの選択にあたっては、スポンサー候補者の意向も十分に尊重する必要がある。

コラム　**事業譲渡か、会社分割か**

　事業譲渡と会社分割とでは、それぞれの手続の法的性質の差異ゆえに、権利義務の承継のあり方、債権者保護手続の要否、会社分割に伴う労働契約の承継等に関する法律（労働契約承継法）の適用の有無、税制その他の点で大きく異なる。このため、事業の破綻局面においてどの手続を選択するかは大きな問題となる（多くの場合、スポンサーの意向が重

第3章　手続選択　89

要であろう。）。

　会社分割では、分割対象とされた権利義務が承継会社又は新設会社に包括的に承継されるのに対し、事業譲渡による権利義務の承継は特定承継である。このため、会社分割では、原則として債権者、契約の相手方や労働者の個別の同意なくして、債務、契約上の地位及び労働契約を承継させることができるのに対し、事業譲渡では、これらの承継には債権者、契約の相手方及び労働者の個別の同意を要する。

　また、会社分割では、法定契約・計画の作成、事前開示書類・事後開示書類の備置等、会社法で法定される手続が厳格である一方、事業譲渡の場合には、事前開示書類・事後開示書類の備置等は必要なく、手続的統制は比較的緩やかである。

　さらに、会社分割の場合、労働契約承継法の適用があるため、承継対象事業に主として従事する労働者（以下「主従事労働者」という。）については、分割契約等においてその者に係る労働契約を承継会社等に承継する旨を定めなかったとしても、当該労働者が異議を申し立てた場合、当該労働者に係る労働契約は承継会社等に承継される（同様に、分割契約等において主従事労働者以外の者に係る労働契約を承継会社等に承継する旨を定めたとしても、当該労働者が異議を申し立てた場合、当該労働者に係る労働契約は承継会社等に承継されない。）。

　加えて、事業譲渡では免許・許認可等は当然には承継されない一方、会社分割では（詳細は個別法令に拠ることになるが）届出を行えば足りるとされるものが一定数あるなどの違いや、税制においても、不動産取得税や消費税等との関係で会社分割の方が有利になる場合があることが考慮要素になろう。

　これらを前提に検討すると、まず、事業譲渡は、個別に譲渡対象となる権利義務を選択しなければならず、かつ、単なる権利義務だけでは譲渡対象にできないという難点があるといえる。他方、会社法上の手続が簡便であることや、債権者保護手続を経る必要がないという点は、大きなメリットといえる。

これに対し、会社分割は、会社法上の手続が煩雑であり、ステークホルダーの利害の調整や手続の履行に時間がかかるほか、破綻局面では情報統制も大きな課題となる。前述したとおり、労働者の承継の有無についても予測可能性に難がある。さらに、会社分割は破産管財人の権限に含まれないことから、破産手続開始決定後にはこれを行うことができない点も考慮しなければならない。もっとも、労働者の承継については事業譲渡の場合と同様に個別に同意を得ておけば予測可能性の点での優劣差は大きくなくなる。また、会社分割の場合に許認可の承継が届出で足りるとされている事業については、会社分割は有力な手続選択の対象となる。破産手続開始決定が許認可の喪失事由とされる場合には、開始決定前に申立代理人において事業譲渡を行うか会社分割を実施しておく必要があることにも留意が必要である。

　以上より、スポンサーの意向のほか、譲渡対象となる事業等の特定に要する業務量、迅速に実行する必要性、同意を取得する必要がある相手方から同意を取得できる見込み、負債を移転してよいか、労働者承継の要否、事業の遂行に許認可が必要か、移転する資産に不動産や消費税課税対象となる動産等が含まれているか、さらには申立代理人において手続を遂行すべき事案か破産管財人に判断を委ねるべき事案かなどが、手続選択の決定にあたっての重要なポイントとなる。

> **コラム**　**資産譲渡か、事業譲渡か**

1　事業譲渡の意義

　会社法上、事業の全部の譲渡及び事業の重要な一部の譲渡に関しては、株主総会の特別決議が必要とされている（会社法467条1項1号・2号、309条2項11号）。

　株主総会の特別決議が必要とされる事業譲渡の意義につき、判例（最

第3章　手続選択　91

判昭和40・9・22民集19巻6号1600頁）によれば、会社法制定前の商法24条（現行商法16条）以下にいう営業の譲渡と同一意義であって、①一定の営業目的のため組織化され、有機的一体として機能する財産（得意先関係等の経済的価値のある事実関係を含む。）の全部又は重要な一部を譲渡し、これによって、②譲渡会社がその財産によって営んでいた営業的活動の全部又は重要な一部を譲受人に受け継がせ、③譲渡会社がその譲渡の限度に応じ法律上当然に競業避止義務を負う結果を伴うものであるとされ、その該当性判断は①～③の3つの要素で構成されている。

　この判例に対して、学説では、①については、事業譲渡の要件とすることに大方争いがなく、②・③については、事業譲渡の要件ではないとする見解が有力である[18]。反対説の論旨は一義的ではないが、商法と会社法を同様に理解する必要はなく、有機的一体性ある組織的財産の譲渡により株主に重大な影響を与えるか否かによって決すべきとの考えによるようである。

　もっとも、①の「有機的一体として機能する財産」とは何かという点について、単に承継動産・不動産等を用いて同種の事業が行われるだけでは足りず、譲渡会社の製造・販売等に係るノウハウ等の承継が必要であるとする裁判例がある[19]。さらに進んで、得意先の移転を伴わないものは株主総会の特別決議を要する事業譲渡に該当しないと解すべきか否かという点に関し、事業用財産に製造・販売等のノウハウが付随して移転されれば事業譲渡に該当し、従業員・得意先等の移転がなくても該当するという学説がある[20]。このような考えの根幹には、特別決議を経ることを要するのはあくまで株主の保護を目的とするものであるから、有機的一体性ある組織的財産の譲渡により株主に重大な影響を与えるか否かによって決すべきとの判断がある。

　ただし、事業の「重要な一部」の譲渡の場合でも、略式事業譲渡（会

18　江頭憲治郎＝中村直人編著『論点体系会社法(4)〔第2版〕』（第一法規、2021年）13頁。
19　旭川地判平成7・8・31（判時1569号115頁）。
20　江頭憲治郎『株式会社法〔第9版〕』（有斐閣、2024年）1019頁。

社法468条１項）に該当する場合、又は譲渡もしくは譲渡対象資産の帳簿価額が譲渡会社の総資産額の５分の１を超えない場合は、株主総会の特別決議が不要とされている（簡易事業譲渡。467条１項２号かっこ書き）。

2　個人情報の取扱い

　また、事業譲渡の方法によるか資産の譲渡の方法によるかの検討材料として、今日では個人情報保護法上の個人データの承継の問題を無視するわけにはいかない。というのも、合併その他の事由による事業の承継（事業譲渡を含む。）に伴って個人データが提供される場合、第三者提供に該当しないとされており（個人情報保護法27条５項２号）、事業譲渡により個人データを譲受先に承継する場合、本人の同意は不要であるとされるためである[21]。

　これに対し、事業譲渡ではなく個別の資産譲渡として個人データを譲渡する場合（個人データが記録されている状態のパソコンやソフトウェアを譲渡する場合を含む。）、本人の同意が必要となる。あらかじめ個人情報の取得時等に第三者提供について同意を得ていない限り、譲渡に際して本人の同意を取得することは通常は現実的でないため、その場合は事業譲渡や会社分割により承継するスキームを検討する必要がある。

21　菅原貴与志『詳解　個人情報保護法と企業法務［第８版］』（民事法研究会、2022年）111頁。

第4章

事業譲渡対価の適正性確保

1 検討の前提としての事業価値の把握

　事業譲渡によって承継する対象資産等が確定したら、当該資産等の譲渡対価を検討することになろう。その際、譲渡対象事業の事業価値の把握が検討の第一歩であり、かつ、要となる。譲渡対象資産の早期処分価値を踏まえて事業譲渡対価を検討することになるが、営業利益ベースで赤字であってもフリーキャッシュフロー（FCF）は黒字であるケースがあることに注意が必要であり、営業利益がマイナスであることをもって事業価値が低廉であると即断してはならない。月次の資金繰り表や試算表といった基礎的な資料を確認し、譲渡対象事業の規模感や収益性から慎重に事業価値を見極めることが求められる場合には、公認会計士等の専門家の協力を仰ぐべきであろう[22]。後日の破産手続において、破産管財人にも譲渡対価の適正性を説明できるよう、スポンサー選定手続の過程を書面に残し、公認会計士等に事業価値評価書の作成依頼を検討するケースもあり得よう。

　どの程度詳細な評価を依頼するかは資金繰りとの兼ね合いにもよるが、破産手続併用型事業譲渡の場面では、簡易な評価を依頼することも多い。

　もっとも、事業価値評価書を取得するとしても、事業価値評価の手法にはさまざまなものがあり、評価額について唯一絶対の正解があるわけではな

---

[22]　事業譲渡対価の適正性については、一義的な基準が確立しているわけではないが、これを論じたものとして、須藤力＝小向俊和（司会）ほか「《パネルディスカッション》中小企業の再生と弁護士の役割」事業再生と債権管理147号（2015年）57頁、髙井章光「事業譲渡、事業継続における対応」事業再生と債権管理157号（2017年）23頁、染谷翼（司会）ほか「《パネルディスカッション》破産手続開始申立前の事業譲渡に関する諸問題」事業再生と債権管理184号（2024年）14頁も参照されたい。

い。事業価値評価の数字等に杓子定規に思考を縛られることなく、「適正な事業譲渡対価」といえる範囲を下回らないか検討する姿勢が重要である。

なお、スポンサー探索の結果、候補が複数出てきた場合に、常に最高価格を提示した候補者を選ばなければならないのかについては検討の余地がある。例えば、最高価格を提示してはいるものの、不動産の価値しか見ておらず、譲り受けた事業は継続せずに従業員もすべて解雇する意向のスポンサー候補（換言すれば、事業の一部にのみ関心があり、雇用の維持といった必ずしも経済的に評価できない要素には関心を示していないスポンサー候補）と、最高価格と大差ない価格を提示しつつ事業を継続して従業員の雇用も維持する意向のスポンサー候補が競っている場合に、必ず最高価格を提示したスポンサー候補を選ばなければならないのか、という問題である。必ずしも提示価格のみをもって判断すべきではなく、譲渡対価は重要な要素ではあるが、その他の要素も十分に考慮したうえで、個別具体的な事案において最適の事業譲渡を志向する姿勢が重要であろう（上記の例でいえば、解雇予告手当などの従業員の解雇等に要する費用を勘案する場合、前者が必ずしも「最高価格」とはいえない場合もあろう。）。

適正な事業譲渡対価と一口にいってもそれには幅があり、適正か否かは必ずしも一義的に判断できるわけではないが、対価が適正であることは、スポンサーにとってものちの否認権行使のリスクを軽減することにもなるため、事業譲渡対価を安価に設定しないことは、スポンサーにとってデメリットばかりではない。必要に応じて、スポンサー候補者との金額の調整のための説得材料とすることもあり得よう。また、スポンサーとの間の事業譲渡対価に関する交渉過程は、のちに裁判所や破産管財人にも説明が求められる場合もあるので、債務者代理人としては、簡単にあきらめない姿勢で臨むことが肝要である[23]。

---

23 資金繰りに窮しており、なんとか破産直前で事業を引き取ってもらえたといったケースでは、清算価値との対比でその対価の適正性を説明する事案も少なくないと考えられる。あくまでもケースバイケースの判断であり、個別具体的な事情も加味して検討する姿勢が重要である。

2 清算価値の把握と清算配当率の算定

　破産申立前に行う事業譲渡は、後続する破産手続との連続性ゆえ、財産保全行為としての性質も有しているから、清算価値保障原則の観点からすれば、「事業譲渡せずに破産申立てを行った場合の配当率」（清算配当率）を下回る結果となるような事業譲渡は基本的に妥当性を欠く[24]。

　したがって、事業譲渡契約の内容や事業譲渡対価の具体的な検討と並行して、譲渡対象事業の清算価値を適切に把握することも必要になる。その際の清算BSの作成及び清算価値の把握は、大要、以下の手順による。

　まず、譲渡対象事業の資産を洗い出し、資産ごとにその価値を評価する。資産の洗い出しは、直近期の法人税の申告書及び勘定科目内訳明細書等の決算関係資料を確認するところから始まるのが通常である（必要に応じて、債務者の顧問税理士や公認会計士等と連携する場合もある。）。資産の評価は破産手続において破産管財人が換価した場合に破産財団に組み入れられるであろう金額をもって評価することになる。売掛債権であれば回収可能性等も考慮した評価とせざるを得ないであろうし、不動産であれば不動産業者による査定、固定資産評価及び路線価等を検討することが望ましく、一般的には、いわゆる早期処分価格で評価することになろう。担保権の負担付きの不動産であれば、当該担保権によって担保権者が保全している金額を差し引く必要もあることから、担保権の設定状況の確認も必須である。在庫や原材料等の集合動産の類をはじめ、時価に比して簿価が高額になっている資産も少なくないから、破産手続においてどれほどの価格で換価可能かを検討して評価することになる。

　そのように試算した総資産の金額から、破産手続に移行した場合に財団債権又は優先的破産債権として処遇される滞納公租公課、従業員の退職金、破産管財人報酬等の清算費用等を控除した残額が、清算価値を把握するときのベースとなる。破産配当に先立って支弁されるこれらの負債合計を控除して

24　野村剛司編著『実践フォーラム破産実務［補訂版］』（青林書院、2024年）179頁以下参照。

もなお資産が残存する場合には、その残存額を、破産手続において破産債権として処遇されるものの総額で除した数値が「事業譲渡せずに破産申立てを行った場合の配当率」であり、清算価値である。清算価値がゼロとなる事例もあるが、破産申立前に事業譲渡を行う場合には、「事業譲渡せずに破産申立てを行った場合の配当率」以上の配当が、その後の破産手続において確保される必要がある。

3　事業譲渡対価の検討・検証

　事業譲渡対価については、①今後の手続費用等（給与等を支給する場合はその支給分を含む。）を賄えるかという観点と、②譲渡対価としての相当性という観点で検証が必要となる。

　事業譲渡対価については、総額で提示されることが一般的であるところ、担保目的物が譲渡対象資産に含まれている場合、担保解除のために弁済金を支出する必要がある。そのため、前記①の今後の手続費用等を賄えるかどうかの検討にあたっては、破産会社に残存する資産と譲渡対価を合計し、そこから担保解除のための弁済金を控除したあとの残額で手続費用等を賄う必要がある。また、売掛金等の即時に現金化することが必ずしも容易でない資産については、申立てまでの期間に換価が難しい場合もあるため、すぐに手続費用として用いることはできないことに留意が必要である（譲渡対価が低額にとどまり、別途売掛金等を換価回収しなければ申立費用等を捻出できない場合には、換価回収に要する期間を考慮して、申立てのタイミングを検討する必要があろう。）。なお、リース物件等の買取りを行うことになる場合、その買取金（弁済金）が事業譲渡対価の枠内とされているのであれば、その分は控除して手続費用を検討する必要がある。

　また、前記②の譲渡対価の相当性の検討にあたっては、担保目的物の評価額（担保解除のための弁済金額）の相当性を検討するとともに、無担保の承継資産の対価の相当性も検討する必要がある。その対価の相当性については、事業価値の一元的な算定が困難であるのと同様に、多様なアプローチがあり得るところである。事業譲渡は個別の資産等の譲渡の集積でもあるので、破

第4章　事業譲渡対価の適正性確保　97

産管財人が個別の資産として換価することを想定した場合の換価価値の総額を上回ることは必須であるが、申立代理人としては、譲渡対象となる事業や資産・負債の状況に応じて、適正な譲渡対価であることを説明できるか、という視点をもって検討することが重要である。

なお、本書第2部のストーリー3（タンポポ製菓）では、一例として不動産鑑定士による意見と動産の簡易査定をベースにした資産価値の積み上げと破産手続を想定した場合の財団債権発生のリスク等を考慮した説明を記載しているが、これに限らず別のアプローチで説明することも考えられるところである。

コラム　スポンサーが取引債務の一部のみを承継する場合

　事業譲渡においては、債務者の権利義務をスポンサーがどの範囲で承継するかが利害関係者にとって重要な関心事となる。従業員にとっては自らの雇用が守られるのか、取引先（仕入先）にとっては自らの債権が保護されるのかという問題に直結するからである。他方で、どのような権利義務が承継され、あるいは承継されないのかは、スポンサーの意向によるところが大きい。

　例えば、スポンサーが取引債務の一部のみを承継しつつ、残部は自己の仕入先と重複しているといった理由で承継しない意向を示し、これに応じることとした場合には、承継される取引債務はスポンサーによる弁済がなされる一方で、承継されない取引債務については弁済がされないこととなる。

　そのような場合において、（事業譲渡対価が相当なものであっても）「債権者平等が害され、不当である」という批判は正当か、というのが本コラムでの検討対象である（なお、事業にまったく関係のない代表者貸付金

98　第3部　テーマ解説

等が承継され、そのことによって事業譲渡対価が減額されるというように、承継する債務の選択に合理性が認められない場合、不当なものとして許容されないことは当然である。）。承継される債権者といわば残置される債権者の不平等の問題については、いわゆる濫用的会社分割の事例において議論がされてきた[25]。

まず確認しておきたいのは、そのような事業譲渡が否認対象行為となることはないということである。事業譲渡対価が相当である以上、詐害行為否認（破産法160条1項）はできず、相当の対価を得てした財産処分行為（破産法161条1項）としても、所定の要件を充足しないため否認できない。また、スポンサーによる弁済は、債務者の財産を原資とするものではなく、債務者による弁済と同視することもできないので、偏頗行為（破産法162条1項）として否認することもできない。

次に、スポンサーが取引債務を承継する理由は、承継する事業に必要であるからであり、承継した取引債務をスポンサーが第三者として弁済し（いわゆる第三者弁済）、取引関係が維持されることなどによって、当該弁済がない場合に比べて事業価値が維持されることとなる。そして、その維持された事業価値を前提に譲渡対価が算定されているのであれば、当該譲渡対価が破産債権者への配当原資となるので、破産債権者全体の利益に適っていると考えられる。同じ破産債権者でありながら、金融債権者と取引債権者が異なる扱いを受け得ることが正当化されるのは、事業価値の維持という側面から見たときのその債権の性質が異なるからであり、そうであるとすれば、取引債権者間においても、同じ理由が妥当することになると思われる。

したがって、重要なのは、承継の対象となる債務の選択が合理的になされ[26]、かつ、事業譲渡対価が相当であり、承継されない取引債権者に

---

[25] 最判平成24・10・12（民集66巻10号3311頁）の須藤正彦裁判官の補足意見や難波孝一「会社分割の濫用を巡る諸問題」判タ1337号（2011年）20頁などを参照。

[26] なお、第三者がスポンサーである場合、特段の事情がない限り、承継債務の選択は合理的になされていると推認できる（野村剛司編『実践フォーラム破産実務［補訂版］』（青林書院、2024年）184頁〔籠池信宏発言〕参照）。

とって、事業譲渡がされないまま破産した場合よりも事業譲渡がされた方がより多くの配当が受けられるか[27]、という点であると考えられる（「事業譲渡がされないまま破産した場合」が清算価値であるとすれば、清算価値保障がなされているかという問題であるといえるかもしれない。）。すなわち、取引先Ａと取引先Ｂがあり、事業譲渡がされないまま破産した場合の弁済率がいずれも５％であり、事業譲渡をした場合に、スポンサーに承継されたＡの弁済率が100％、Ｂの弁済率が７％であったとした場合、外形的にはＡとＢの弁済率に差があり、不平等にあるように見えるかもしれないが、Ｂのみで見ると、弁済率は５％から７％に増加しているから、Ｂにとっての経済合理性も否定されない。

このように考えれば、「Ａのみ満額の回収ができるのは、債権者平等原則に反して不当である」といった批判は的を射たものとはいえない。

コラム

事業譲渡の否認に関する若干の検討
―破産申立前の事業譲渡に対する萎縮効果を念頭において―

1　検討対象と本コラムの問題意識

破産申立てに先立って事業譲渡を行う場合[28]、申立代理人として神経を使うことのひとつが譲渡対価の適正性の確保である。詳細な検討を尽くすことはできないが、ここでは、いかなる場合に破産申立前になされた事業譲渡が否認され[29]、価額償還請求（破産法168条４項）がなされ得るのかに関する議論を概観するとともに、近時の裁判例を契機として若

---

[27] 事業譲渡を行っても行わなくても破産債権に対する配当がない場合であれば、財団債権に対する弁済率が増加したかを基準として考えることができるであろう。

[28] ここでは、破産申立てに先立って事業譲渡のクロージングまで完了させるケースを念頭におく。

[29] なお、ここで想定される否認類型はいわゆる詐害行為否認（破産法160条１項）及びその一類型としての無償行為否認（同条３項）である。

干の検討を付し、今後の議論を促すことを試みたい。

　先に本コラムの問題意識を示しておくと、破産管財人が否認権を行使する局面においては、過去の一時点においてなされた事業譲渡の対価の適正性を事後的に検証することになるところ、その検証に際して、スポンサー（当該事業の譲受人）の努力によるその後の業績改善を考慮することの適否である。そして、この問題に対する本コラムの考え方も先に示しておくと、スポンサーの努力による業績改善は考慮されてはならない、というものである。

　仮にこれが考慮されるとすれば、事業を譲り受けたスポンサーがその事業の再生のために企業努力を重ねれば重ねるほど、破産管財人から事業譲渡対価が事業価値に見合わないとして価額償還を求められるリスクが高まることになり、ひいては破産申立前の事業譲渡に対する萎縮効果が生じることにもなりかねないところ、このような事態を破産法は必ずしも想定していないように思われる。

2　償還する「価額」の算定基準時と「判例法理」？

　まず、破産管財人が否認権を行使するとして、否認対象となる法律行為によって破産者から当該法律行為の相手方へと移転した目的物を破産財団へ復帰させることは求めず、その価額の償還を求める場合、償還の対象となる価額の算定基準時に関して、（少なくとも学説上は）議論の対立があることは周知のとおりである[30]。

　他方で、判例[31]はいわゆる行使時説に拠っているとされ[32]、事業譲渡

30　詳述することはできないが、①否認対象となる法律行為がなされた時を基準時とする見解、②否認の相手方による財産の処分時を基準時とする見解、③破産手続開始決定時を基準時とする見解、④否認権行使時を基準時とする見解、⑤否認訴訟の事実審口頭弁論終結時（又は否認請求の決定時）を基準時とする見解、⑥最高値で換価し得た時点を破産管財人が選択することを許容する見解などがあるようである。学説の諸相を端的に紹介するものとして、例えば、青木哲「判批（最判昭和61・4・3判時1198号110頁）」松下淳一＝菱田雄郷編『倒産判例百選［第6版］』別冊ジュリスト252号（2021年）89頁があり、ここでは同判批の紹介に拠った。ほかに端的に議論の諸相を紹介するものして、例えば、植村京子「否認の効果としての差額償還請求権」岡正晶ほか監修『倒産法の最新論点ソリューション』（弘文堂、2013年）305〜306頁参照。

第4章　事業譲渡対価の適正性確保　101

が否認対象行為であった事案における近時の裁判例（大阪高判平成30・12・20判タ1459号64頁）も、償還を求める価額の算定基準時は破産管財人による否認権の行使時（否認の訴えに係る訴状の送達時）であるとする[33]。この裁判例の事案は、係争対象となった事業譲渡が無償行為（破産法160条3項）に該当するものとされており、かつ、事業譲受人のもとでの事業価値の毀損や企業努力による事業価値の増加という事情がないことを判断の前提としているようであるが、この裁判例の事案を離れて、破産申立前になされた事業譲渡のあと、事業の譲受人（スポンサー）の努力によって事業価値が増加した場合、破産管財人は、価額償還請求（破産法168条4項）によって事業譲渡実行時から否認権行使時までの事業価値増加分を破産財団に取り込むことができるのであろうか。

　いわゆる行使時説が判例法理なのであるとすると、形式論理としては、償還を求める価額の算定基準時は、破産管財人が否認権を現に行使した時、すなわち、事業価値が増加したあとの時点となるのであるから、その価値増加分も破産財団に取り込むことが可能なようにも思われる。しかし、かかる結論が是認されるとなれば、事業を譲り受けて、その事業を少しでも改善しようと努力するスポンサーの立場はたちまち不

31　最判昭和41・11・17（集民85号127頁）、最判昭和42・6・22（判時495号51頁）、最判昭和61・4・3（判時1198号110頁）。

32　「判例」がいわゆる行使時説に拠っている、という見方については見解の一致をみるようであるが（伊藤眞ほか『条解破産法［第3版］』（弘文堂、2020年）1190頁、伊藤眞『破産法・民事再生法［第5版］』（有斐閣、2022年）652頁、山本和彦ほか『倒産法概説［第2版補訂版］』（弘文堂、2015年）316頁〔沖野眞已〕、山本克己編著『破産法・民事再生法概論』（商事法務、2012年）270頁〔畑瑞穂〕、田頭章一『講義破産法・民事再生法』（有斐閣、2016年）231頁など。また、裁判官による論考として、例えば、永谷典雄＝上拂大作編著『破産実務の基礎』（商事法務、2019年）283頁〔伏見英〕がある。）、ここにいう「判例」はいずれも最高裁判所民事判例集には掲載されていないものであり、いずれも事業譲渡を否認対象行為とする事案でもない。しかるに、否認対象行為や当該対象行為によって移転するものの内容を問わずに行使時説が「判例法理」であると捉え、事業譲渡を否認対象行為とする事案も含めて、アプリオリに行使時説を適用するという考え方それ自体にも、再検討の余地があるように思われる。

33　なお、控訴審においては償還する価額の算定基準時それ自体は主たる争点となっておらず、いわゆる行使時説を採用する点については、原審を引用して説示するにとどまっている。

安定なものとなり、ひいては破産申立前になされる事業譲渡が、後日破産管財人から価額償還請求を受けるリスクをみて萎縮するおそれもある。そのような帰結は、事業の再生にも有害であろう。

　そこで、破産申立前になされた事業譲渡について、事業譲渡実行後にスポンサーの企業努力によって増加した事業価値をも価額償還請求の基礎とすることの適否について、若干の検討を付すこととする。

3　事業譲渡後の価値増加分について償還を求めることの適否

　否認権の行使の効果として、否認対象となる法律行為によってその相手方へ移転したものを破産財団へ復帰させるのみならず、価額償還を求めることができるというのが現行の破産法制であるが、この価額償還請求権は、破産財団への復帰を求めるに「代えて」行使されるものである、という点が重要である[34]。すなわち、破産財団へ回復される価値は、否認対象行為によって破産者の責任財産から逸出することがなければ破産財団に原始的に帰属していたであろう財産の価値（原物の価値[35]）、であって、この原始的帰属性を離れて、否認権行使時の価値を破産財団に帰属させる制度では（必ずしも）ないのである。

　例えば、否認対象行為が美術品や高価な腕時計等も含めた貴金属類の譲渡（売買）である場合、原物は依然として現物としても物理的に存在し、かつ、その「物」の価値は、（保管状況等の問題はあるとしても）破産者又はその譲受人の作為・不作為を介在せずに確定されるのが基本である。それゆえに、否認対象行為がなければ破産財団に帰属していたであろう原物の価値を、否認権行使時を基準時として（その現物の価値を基準として）算定することは十分に合理的といえる。仮に当該「物」が

---

[34]　破産法168条4項も「…破産財団に復すべき財産の返還に代えて、…」と規定するし、最判昭和41・11・17（集民85号127頁）も「現物の返還が不可能のためこれに代ってなさるべき価格の償還の範囲」という表現を用いる。

[35]　この点に関し、「原物」と「現物」という同音異義語を使い分けて説明する視点は大変分かりやすいように思われるので（伊藤眞「否認権行使に基づく価額償還請求権の算定基準時」『民事司法の地平に向かって』（商事法務、2021年）437頁以下）、本コラムでもその発想をそのまま借用している。

原始的に破産財団に帰属していれば、否認権行使時点において現物と同額の価値をもつ資産として帰属していたはずだからである。

　これに対し、否認対象行為が事業譲渡の場合、事業の状態は常に一定というわけではないから、破産手続開始後において、原物が現物として存続しているという見方が成り立たないように思われ[36]、この点が事業譲渡と資産譲渡の大きな差異でもある。すなわち、スポンサーに譲渡された当該事業は、事業の譲受人がもつ間接部門との連携、スポンサーが有するブランドの価値への統合又はそれとの相乗効果（シナジー）、スポンサーの資金・ノウハウの投入といった企業努力等々の譲受人の作為・不作為と不可分一体の現物として存続するのであって、破産者の事業である限りにおいては実現し得なかった価値を伴うものであるから、それはもはや「原物」が存続しているとは評価し難い[37]。

　そうであれば、スポンサーの企業努力などによって増加した分の事業価値は、破産財団に復帰される「原物」の価値とは評価できないから、仮にいわゆる行使時説によるとしても、償還する価額の基礎から除外されなければならないように思われる。また、実質的に見ても、スポンサーがリスクテイクした結果として実現された棚ぼた的な利益を破産財団が得ることは相当とはいえないであろう。もっとも、破産管財人が、否認権行使時の当該事業の価値と事業譲渡時の当該事業の差額が専ら市

[36]　同旨と思われる指摘として、髙井章光「事業譲渡に対する否認権行使」加藤哲夫先生古稀祝賀『民事手続法の発展』（成文堂、2020年）466頁。

[37]　伊藤眞「否認権行使に基づく価額償還請求権の算定基準時」『民事司法の地平に向かって』（商事法務、2021年）450頁は、「受益者の事業運営が秀でており、その結果として譲り受けた事業の価値が著しく高まった場合においては、その高騰分は、「現物」とみなすべき「原物」の価値を超えるものとして、償還の対象とはしないことが関係人間の公平に合致する」と説く。これに続けて「否認権は、破産財団から逸出した財産を回復し、破産債権者に対する分配の財源とするために認められた手段であることに思いを致せば、受益者の経営努力による高騰分をも償還の対象とすることの不合理さが理解できるのではないだろうか」とするため、本コラムと軌を同じくする議論であると思われるが、「関係人間の公平」からこの問題を説明しようとすれば、「公平」の内実いかんによっては議論の様相が異なる可能性が否定できず、実際に、破産申立前に、潜在的な否認権被行使のリスクを甘受して事業を譲り受けようとするスポンサー（や破産者本人・破産申立代理人）に対するドグマーティクとして曖昧なものとならざるを得ないから、事業譲渡に対する萎縮効果を十分に除去できないようにも思われる。

況によるものであるなど、事業の譲受人（スポンサー）の作為・不作為に起因しないものであることまで証明できる場合には、その差額分を破産財団に復帰させてもよいように思われる。

4　まとめ

　非常に雑駁であるが、本コラムでは、破産申立前になされた事業譲渡について、当該事業の価値が譲受人（スポンサー）の努力によって増加したとしても、その増加分を破産管財人から破産財団へ償還させられることはない、という一定の帰結に至るまでの若干の検討を試みた。今後の議論がまたれるところもあるが、破産申立前の事業譲渡による事業再生について、実務上の理解が広く浸透し、その点も勘案した解釈論が定着することが期待される。

コラム

事業譲渡対価の適正性と清算価値保障原則

　事業譲渡せずに破産申立てを行った場合の配当率を下回る結果となるような事業譲渡は基本的に妥当でない。もっとも、破産申立前の事業譲渡の適正性を検討する文脈においては「清算価値保障原則」を検討の視座とする必要は、必ずしもないようにも思われる。

　そもそも、「清算価値保障原則」という概念それ自体の内実や外縁についていまだ見解の一致をみないところ、「清算価値保障原則」という言葉だけが独り歩きし、かえって議論が混乱するおそれがある。加えて、専属的な下請先あるいはそれを含めた雇用を保護するため、又は地域経済への影響を考慮してなされる事業譲渡など、必ずしも清算価値保障原則という概念では捕捉できない側面も多分に存する。そのため、清算価値保障原則という視点から検討する必然性はなく、端的に、事業譲渡対価の適正性を検討すれば足りるようにも思われる。

事業譲渡対価の適正性を検討するに際しては、経済的に（≒数字にして）評価できるもののみならず、従業員の雇用の維持といった非経済的な要素も勘案して検討することが求められ、このような非経済的な要素を度外視して、安易に廉価性を認め、後日の否認権行使を許容すべきではないように思われる。

第 5 章

事業譲渡契約の内容

1　事業譲渡契約の内容と留意点

　破産手続を併用して行われる事業譲渡は、平時のM&Aとは異なるため、表明保証や補償について詳細に定めた複雑な事業譲渡契約とする必要はない（譲渡人が破産する以上、補償規定等はあまり意味がない。）[38]。

　契約書に規定しておく必要がある条項には、契約不適合責任の免除や、承継対象契約の相手方から事業譲渡による契約の承継について承諾を得ることができなかった場合の損害賠償義務の免除を定めた規定があげられる。加えて、滞納処分がなされるおそれがある事例においては、譲渡代金の振込先口座を申立代理人の預り金口座とするなどして、滞納処分リスクを可及的に回避する工夫が求められよう。

　さらに、事業譲渡の内容を検討するにあたっては、譲渡対象資産・承継債務の特定、譲渡代金のほか、商号続用責任の問題、従業員の契約関係の処理、事業譲渡の実行までの進捗管理、手続規制等に留意する必要がある。ストーリー1（ナノハナ衣料）のように、買掛金も承継対象に含める場合には、債権者間で不平等が生じているのではないかという問題意識が生じかねないため[39]、承継する債務の選択の合理性（当該事業価値の維持に必要であることなど）を十分に説明できるようにしておく必要がある。

---

[38]　事業譲渡契約書のサンプルとして、木内道祥監修＝軸丸欣哉ほか編『民事再生実践マニュアル［第2版］』（青林書院、2018年）417頁以下参照。また、平時の会社や大規模な会社をも想定した一般的な事業譲渡契約については、例えば、関口智弘ほか『事業譲渡の実務』（商事法務、2018年）385頁以下、戸嶋浩二ほか『M&A契約』（商事法務、2018年）302頁以下など参照。

[39]　この点については、第4章コラム「スポンサーが取引債務の一部のみを承継する場合」［98頁］を参照。

2 商号続用責任

　事業譲渡を用いて事業再生を目指す場合（特に、事業譲受会社（第二会社）を新設して、事業の全部又は一部を譲渡する場合）、従前の事業の信用等をも利用するため、往々にして、譲渡前後で商号が同一になり、あるいは類似することがある。このようなケースでは、事業譲渡契約において債務の引受けをしていなかったとしても、事業譲受人が譲渡会社の事業によって生じた債務を弁済する責任を負うおそれがあり（商号続用責任。商法17条１項、会社法22条１項）、会社分割手続を用いる場合にも商号続用責任は類推適用される点には留意を要する（最判平成20・６・10判時2014号150頁）。

　また、商号が別であっても、商号以外の事業に用いる名称や商標を続用する場合には、商号続用責任の規定は類推適用され得ると解されている点にも留意が必要である（最判平成16・２・20民集58巻２号367頁など）。

　事業譲渡会社と同一又は類似する商号を事業譲受会社が用いる場合には、譲渡会社の債務を弁済する責任を負わない旨の登記（いわゆる免責登記）を行っておくのが無難である（商法17条２項、会社法22条２項）。加えて、事業譲渡後遅滞なく、事業譲受会社及び事業譲渡会社から「事業譲受会社は、事業譲渡会社の債務を弁済する責任を負わない」旨通知した場合には、商号続用責任は発生しないこととされているため（商法17条２項、会社法22条２項）、商号以外の事業に用いる名称・商標やそれに類似した名称・商標を続用する場合についても、必要な範囲で、事業譲渡のクロージング後速やかに、取引先等の債権者に通知しておくことが望ましい。

第6章

ステークホルダーへの意識
―事前の調整と説明―

　事業譲渡を円滑に実現するためには、関係者に事前又は事後に適切な説明、説得をすることも重要である。以下、典型的なステークホルダーごとに視点を概観する。

　まず、金融機関に対してであるが、事前に破産手続を併用して事業譲渡を行う旨を説明する事案は少ないと思われる。債権回収行為を誘発し、費用の捻出が困難になるなど、事業の継続に支障を来しかねないからである（金融機関にとっても、そのような説明を受けておきながら債権回収行為を控えることの是非が内部で問題となり、かえって負担となってしまう面があることも否めないように思われる。）。もっとも、例えば、当該金融機関の紹介で事業譲渡先が決まったようなケースでは、自然な流れで法人の処理について説明がなされる場合もあろう。また、再生支援を受けていたケースであれば、突如として破産に移行することは金融機関との信頼関係の観点からも適切でないこともある。手続の密行性との兼ね合いで、事前に方針の検討状況だけでも説明しておくことが望ましい事案もあろう。

　次に、事業用賃借物件の承継を伴うケースであるが、事業用賃借物件の利用を継続できることは、譲受人が事業を継続する前提となる重要な要素であるため、当該物件の賃貸人に対してはスポンサーとともに説明に行くことが望ましいであろう。特に当該物件が立地や賃料の観点から人気である場合には、他の賃借人への早期の契約の切替えや賃料の増額の依頼がなされることがあるが、賃貸人にはこれから行おうとする事業譲渡によって不利益は生じないことなどを丁寧に説明して、必要な契約の継続に努めるべきである。

　また、取引先（販売先）・仕入先について、特に事業譲渡の承継対象となっている売掛先、買掛先のうち重要な対象先には、スポンサーとともに説明に

行くことが望ましい。承継する買掛金はスポンサーから弁済される旨を説明して、事業譲渡後も取引を継続するよう依頼する必要もあろう。

　最後に、従業員に対してであるが、今後の生活保障の観点から（特に従業員の承継を伴うケースであれば、従業員の離散を回避するという観点からも）、事業譲渡先における雇用継続の可否や労働条件、雇用継続されず解雇となる場合に受給できる金額やスケジュール感、必要な手続等に関し、手厚い対応と丁寧な説明を行うことが望ましい。もっとも、説明のタイミングについては情報管理の観点からも注意が必要である。スポンサーの意向にもよるが、事業譲渡のクロージング日当日又はその直前のタイミングでの説明となる場合が多いように思われる。

コラム

金融債権者への事前説明の要否・タイミング・留意点

　倒産局面における事業譲渡に際して、事前に金融債権者に対して説明を行うか否かは悩ましい問題であり、債務者と金融債権者の関係や債務の状況（特に債務者が期限の利益を喪失しているか否かの把握は必須である。）を踏まえて、事案ごとに判断することが求められる。もっとも、事業譲渡の対象となる資産に設定されている担保権の解除の同意を得なければならないケースなど、事前に説明を行うことが必要不可欠となる場合もある。

　金融債権者に対する説明に際しては、債務者の財産状況や事業譲渡に向けたスポンサーとの交渉状況など債務者の現状を正確に説明することが重要であるとともに、将来の方針や課題事項など未確定な情報について誤解を招くような断定的な説明を行わないよう、細心の注意を払わなければならない。また、事前説明の対象となる金融債権者が複数いる場

110　第3部　テーマ解説

合には、金融債権者によって説明の内容が異なったり、債務者から金融債権者に提供する資料に相違が生じたりすることのないように留意する必要がある。そのためにも、申立代理人が説明事項の概要をまとめた資料を事前に作成しておき、これを持参することは有用である。

　また、事前説明を行うタイミングの見極めも重要である。拙速な事前説明はかえって混乱を招きかねないが、スキームや債権額などによっては金融債権者内部での稟議決裁に時間を要する場合もある。稟議決裁のために必要となる資料の追加提供や別の部署への再度の説明を求められることも少なくないため、金融債権者への説明は複数回にわたることが多い。従前の説明内容に変動が生じた場合や、事業譲渡契約の内容が確定するなど重要な局面に差し掛かった際には、速やかに報告することが好ましいといえよう。

　このように、そもそも金融債権者に対して事前説明を行うか否かについては難しい判断を迫られることが少なくないが、事前説明を行う場合には、適時適切かつ平等な説明を債務者及び債務者代理人が誠実に行うことが、円滑な事業譲渡を実現するうえで重要である。

　なお、事前説明にあたって、対象となる金融債権者の口座にある債務者の預金を退避するか否かも検討が必要である。すでに期限の利益を喪失している場合には、預金凍結や相殺がなされるおそれがあるため事前に預金を引き出しておく必要がある。期限の利益を喪失していない場合であっても、事前相談を契機として期限の利益を喪失するおそれがないか、金銭消費貸借契約書や銀行取引約定書等の契約書の内容、従前の取引状況・信頼関係の有無等をあらかじめ確認しておくことが重要である。

第6章　ステークホルダーへの意識　111

第 **7** 章

労働契約の取扱い

1 従業員の承継方法

　事業譲渡に伴い譲受会社に従業員を承継させる場合の手法としては、①事業譲渡の承継対象に労働契約を含め、労働契約上の地位を譲渡会社から譲受会社に移転する方法、②譲渡会社において従業員との労働契約を合意により終了させ、譲受会社において新規採用する方法、③譲渡会社において従業員を解雇し、譲受会社において新規採用する方法がある（②の方法は、譲受会社への転籍というかたちを採るため「転籍同意方式」と呼ばれることがある。本書でも以下この呼称を用いる。）。未払残業代などの労働契約に基づく潜在債務を譲受会社が承継することを回避する観点や、譲受会社において承継対象従業員の労働条件を決定するにあたり、譲渡会社における労働条件に拘束されることなく、自社の賃金体系等を踏まえて柔軟に設定しやすいという観点から、実務上、転籍同意方式による場合が多い。

　転籍同意方式による場合でも、従業員に生じる不利益を緩和し、承継対象事業の運営に必要となる従業員のリテンションを図る観点から、譲受会社において退職金算定上の勤続年数を通算することなどを通じて、実質的に退職金債務を承継したり、年次有給休暇の付与日数算定上の勤続年数を通算したりといった取扱いを行う場合もある。

　ただし、譲渡会社が中小企業退職金共済（中退共）に加入しており、譲受会社が企業年金制度を実施している場合であって、事業譲渡に伴い中退共から譲受会社の企業年金制度へ年金資産を移換するときには、事業譲渡において労働契約に関する権利義務を承継させる必要があるため注意が必要である。

2 承継対象従業員の決定方法

譲渡会社の従業員のうち譲受会社がどの範囲の従業員を承継するかは、譲渡会社と譲受会社との合意により任意に決定することが可能であるが、破産事案における事業譲渡の場面では、譲受会社（スポンサー）の意向に左右されることになろう。

もっとも、特定の労働者のみを承継対象から除外する場合、一般に承継対象に含まれなかった労働者は解雇されることとなるため、労働者の非違行為の存在等、特定の労働者を承継対象から排除することを正当化できるような事情がない事案（典型的には、労働組合壊滅を目的とした偽装解散であるような事案）では、合理的意思解釈として労働契約の承継に関する黙示の合意を認定したり、法人格否認の法理を用いたりして労働者の救済が図られることがある。例えば、労働組合員を排除する目的で組合員との雇用関係のみを除外して事業譲渡した事案において、不当労働行為に当たることを理由に譲受会社との間での雇用関係の確認を認めた事例[40]や労働委員会が譲受会社に採用を命じる救済命令を発した事例[41]、事業譲渡に際して労働条件の不利益変更に異議ある者を個別に排除すべくなされた事業譲渡契約を公序良俗違反とした事例[42]などがある。

倒産局面における事業譲渡では、承継対象従業員の選定は譲受会社の意向に左右されることが通常であり、承継対象事業に従事する従業員全員を譲受会社に承継させることが難しい場合も珍しくない。そのため、特定の労働者を承継対象から除外すること自体は可能であり、譲受会社において組合員のみを排除するといった不当な目的によって承継対象従業員を選別しているといった事情がない限り、当該合意の効力が否定されて承継対象から除外した従業員との労働契約が譲受会社に承継されることはないと考えられる。

---

[40] 福岡高判平成28・2・9（労判1143号67頁。サカキ運輸ほか（法人格濫用）事件）。

[41] 東京高判平成14・2・27（労判824号17頁。中労委（青山会）事件）。

[42] 東京高判平成17・5・31（労判940号47頁。勝英自動車学校（大船自動車興業）事件）。

3 事前協議の要否

　平時に行われる通常のM&A取引としての事業譲渡では、譲渡会社において、承継対象従業員との間で、事業譲渡の概要や譲受会社での労働条件等について、時間的余裕をもって説明・協議することが通常である。

　この点、2016年に厚生労働省が策定した「事業譲渡又は合併を行うに当たって会社等が留意すべき事項に関する指針」（厚生労働省告示第318号。以下「事業譲渡等指針」という。）においても、承継予定労働者から承諾を得るにあたって、譲渡会社は、承継予定労働者に対し、事業譲渡に関する全体の状況や、承継予定労働者が勤務することとなる譲受会社等の概要及び労働条件（従事することを予定する業務の内容及び就業場所その他の就業形態等を含む。）などについて十分に説明し、承諾に向けた協議を行うことが適当であり、承継予定労働者から真意による承諾を得るまでに十分な協議ができるよう、時間的余裕をもって協議を行うことが適当であるとされている。

　もっとも、倒産局面における事業譲渡では、事業価値の毀損を防ぐために密行性を保ったまま準備を進めることが通常であり、情報管理の観点から、承継対象事業の運営に必要不可欠なキーパーソン以外の承継対象従業員に対しては、事業譲渡の実行日やその直前に事業譲渡に関する説明を行い、事業譲渡による労働契約の承継や譲受会社への転籍について承諾を得る場合が多い[43]。

---

[43]　事業譲渡等指針において求められている労働者全体の理解と協力を得るための協議や承継対象従業員からの承諾を取得するにあたっての個別協議は、会社分割に伴う労働契約の承継等に関する法律（労働契約承継法）に基づく7条措置や商法等改正附則に基づく5条協議と異なり、法律上の根拠を有するものではないため、承継対象従業員との間で時間的余裕をもって十分な協議を行うことなく事業譲渡を実行したとしても、事業譲渡の無効原因となるものではない。ただし、譲渡会社からの説明や協議の内容が著しく不十分であり、事業譲渡等指針の趣旨に反することが明らかな場合には、同意の効力が一部否定され、譲受会社への承継に際して行われた労働条件の切り下げの効力が認められない可能性もあると考えられる。塩津立人ほか「労働契約承継法施行規則・指針および事業譲渡等指針の改正等と実務上の留意点」商事法務2112号（2016年）50頁も、事業譲渡等指針で求められている説明が十分でない場合には承諾の効力が否定される可能性が生じるとしている。

4　承継されない従業員への対応

　譲受会社が雇用しない従業員は、譲渡会社において即時解雇することが多いと思われる。その場合でも、未払賃金（支払日が到来していない最後の給料も含む。）、未払退職金の有無及びその額ならびに解雇予告手当の額を試算し、これらをどこまで支払えるかを検討する必要がある。未払いの労働債務が残る場合には、破産手続における未払賃金立替払制度の活用を視野に入れつつ[44]、特に、未払賃金立替払制度の対象外である解雇予告手当については、できる限り優先的に支払う方向で検討する[45]。

5　譲渡会社に労働組合がある場合

　譲渡会社に労働組合がある場合には注意が必要である。

　労働組合との間で労働協約を締結している場合、当該労働協約のなかに、事業譲渡や会社分割、合併等を行う場合や組合員を解雇する場合には労働組合との事前協議を要する旨の規定（事前協議条項）が設けられていることがある。

　平時の事業譲渡や組合員の解雇であれば、労働協約に基づき事前協議を行うべきことは当然であるが、倒産局面における事業譲渡では、事業価値の毀損を防ぐために密行性を保ったまま準備を進める必要があり、事業譲渡や譲受会社に承継しない従業員の解雇について労働組合との間で事前協議を行うことが現実的でない場合も多い。

　労働協約に定められている事前協議条項に違反して事業譲渡が行われた場合の効果については必ずしも明らかではないが、少なくとも、事業譲渡が実行されていなければ事業継続自体が困難となっていたような事案である限り、事業譲渡や解雇の効力が無効と判断されるリスクは低いと考えられる。

---

[44]　未払賃金立替払制度及びその実務運用等については、野村剛司＝独立行政法人労働者健康安全機構賃金援護部審査課協力『未払賃金立替払制度実務ハンドブック［第2版］』（金融財政事情研究会、2021年）を参照されたい。

[45]　野村剛司編著『法人破産申立て実践マニュアル［第2版］』（青林書院、2020年）36頁以下、138頁以下及び151頁参照。

ただし、労働協約において、事業譲渡や組織再編に伴う解雇や労働条件の変更について「事前に労働組合と協議し、合意のうえ実施する」といった事前同意条項がある場合は注意が必要である。事業譲渡に関する事案ではないものの、このような事前同意条項があるなかで、労働組合との事前合意なく人事異動を実施したことが不当労働行為に該当するか否かが争われた事案において、裁判所は、「労働条件の変更を含む当該経営上の措置が使用者にとって必要やむを得ないものであり、かつ、これについて労働組合の了解を得るために使用者として尽くすべき処置を講じたのに、労働組合の了解を得るに至らなかったような場合に、使用者が一方的に当該経営措置を実施することを妨げるものではない」と判示している[46]。この裁判例を前提とすれば、事前同意条項があるなかで労働組合の事前同意なく行った事業譲渡の効力が直ちに否定されることにはならないものの、労働組合の了解を得るための処置を一切講じていない場合には、事業譲渡の効力が否定される可能性がある。労働組合への事前説明・協議を行うか否か、仮に事前説明・協議を行うとしてもそのタイミングや誰に対してどのような説明を行うかという点については、従前の労働組合との関係やスポンサーに承継されない従業員の人数・範囲、密行性の確保に対するスポンサーの意向等を踏まえ、事案に応じた判断が必要となる。

　なお、破産申立前ではなく、破産管財人が裁判所の許可を得て事業譲渡を行う場合、裁判所は、事業譲渡の許可を行うにあたり、労働組合等の意見聴取を行うこととされている（破産法78条4項）。もっとも、労働組合等の意見に裁判所や破産管財人が拘束されるものではなく、労働組合等があるにもかかわらず意見聴取の機会を設けることなく事業譲渡の許可を行ったとしても、当該事業譲渡の許可は有効と解されている[47]。

46　東京地判平成23・5・12（判時2139号108頁。高見澤電機製作所事件）。
47　伊藤眞ほか『条解破産法［第3版］』652頁。

116　第3部　テーマ解説

> **コラム**

中退共の継続・移換

　事業譲渡や会社分割、合併等により、譲受会社等に労働契約が承継される場合、譲受会社が中小企業退職金共済制度（中退共）の適用対象となる中小企業であれば、必ずしも中退共の退職金共済契約を解除する必要はなく、譲受会社において中退共を継続することが可能であるほか、譲受会社が企業年金制度を実施している場合には、一定の要件のもとで、中退共から企業年金制度へ年金資産を移換することも可能とされている（中小企業退職金共済法31条の4、確定給付企業年金法82条の5、確定拠出年金法54条）。

　破産手続併用型事業譲渡においても、承継対象従業員に極力不利益が生じないよう、事業譲渡にあたり、中退共の継続や企業年金制度への年金資産の移換が可能であるかという点も検討しておくことが望ましい。

　事業譲渡に伴い中退共から企業年金制度への年金資産の移換が認められるのは、譲受会社が事業譲渡後も中退共の適用対象となる「中小企業者」であること（中小企業退職金共済法2条1項）、事業譲渡前から譲受会社において企業年金制度を実施していることが必要であるほか、対象となる事業譲渡が「労働契約に関する権利義務の承継が行われる場合に限る」とされていることに注意が必要である（同法31条の4、同法施行規則69条の15第1号へ）。転籍同意方式により譲受会社に従業員を承継させる場合は、「労働契約に関する権利義務の承継が行われる場合」に該当しないため、中退共から企業年金制度へ年金資産を移換する場合には、事業譲渡において労働契約に関する権利義務を承継させる必要がある（もっとも、既存の労働契約に係る権利義務を承継する場合、顕在化していない未払残業代等の潜在的債務等も承継されることとなるため、スポンサーが受け入れない場合も多いと思われる。）。

　また、移換先の企業年金制度が中退共からの資産の移換を受け付けていない場合もあるため、中退共から企業年金制度への年金資産の移換を

第7章　労働契約の取扱い　117

検討する場合には、事前に譲受会社が加入している企業年金団体に対し、移換の可否や手続を確認しておく必要がある[48]。

　なお、中退共の被共済者である従業員が中退共に加入している会社に転職する場合、退職金を請求せずに転職先で通算の申出を行うことによって、従前の掛金納付月数を引き継ぐことが可能である。そのため、事業譲渡に伴い転籍同意方式により譲受会社に従業員を承継させる場合でも、中退共の継続であれば可能である。

---

[48] 合併等に伴う中退共制度から企業年金への移換手続の詳細については、独立行政法人勤労者退職金共済機構中小企業退職金共済事業本部のウェブサイトに掲載されている。

第8章

事業停止日前後の要対応事項

1 Xデー（事業停止日）の要対応事項

　Xデー当日の動きは、事前に時間単位で綿密に打ち合せておかなければならない。現場は突然のことでスポンサーに承継されなかった従業員や取引先等への対応に混乱が生じることも珍しくないため、可能な限り弁護士が臨場して対応することが望ましい（やむを得ない場合にはオンラインなどを通じて説明を行うことも選択肢となろう。）。また、従業員が納得できるよう社長自身の言葉で状況を説明する、という視点も重要であろう。

　現地対応以外にも、必要に応じて各種通知を発送することになる。受任通知は送付する必要がない事案も少なくないが、破産申立後即日の開始決定が出ず（破産申立てに先立つ裁判所への事前相談時に、開始決定までのスケジュールについて裁判所と目線を合わせておくのが望ましい。）、申立代理人が破産手続開始決定までの対応窓口となる場合には、受任通知を発送し、外部からの連絡窓口を固定しておく必要があろう。その他、スポンサーとの取引を継続する先への挨拶状、売掛金等の金銭債権の承継に関して第三者対抗要件を具備するための確定日付のある証書による通知の発出などを検討しておく必要がある。

　また、通常の破産申立てと同様、管財業務に必要な資料や資産の保全、従業員への必要な範囲での協力依頼は漏れなく行う必要がある。

　債権者からの問い合わせが多数寄せられる事案もあるため、法律事務所側の体制づくり、想定問答も事前に検討しておく必要がある。

2　Xデー後の要対応事項と破産申立準備

　Xデーを迎えたあと、申立代理人が債権者への対応窓口となる場合には、受任通知を発送することも検討に値する[49]。ただし、この場合も、滞納処分リスクを可及的に回避する必要があることから、公租公課庁にまで受任通知を送付してしまわないよう留意するのはもちろんのこと、受任通知を送付する必要性が乏しい債権者に対して発送を控えるという判断もあり得る。

　また、譲渡対象資産のなかに不動産や自動車、金銭債権等、第三者対抗要件を具備するために一定の手続が必要となる資産がある場合、破産手続開始決定までに第三者対抗要件を具備していないと、当該資産の所有権移転について、事業譲受会社は破産管財人に対抗できないことになってしまう。そのため、譲渡対象資産の対抗要件具備の状況を踏まえて、破産申立てや破産手続開始決定のタイミングを検討する必要がある。

　加えて、裁判所への事前相談が必要と思われる事案であれば、事前相談の際に事業譲渡の経緯や譲渡対価の適正性等を的確に説明できるよう、可能な範囲で事前相談メモにこれらの内容を盛り込むことが望ましい[50]。事前相談を要しないと思われる事案であっても、裁判所や破産管財人に事業譲渡の適正性について理解してもらえるよう、事業譲渡の経緯や譲渡対価の適正性等を記載した報告書を作成し、これを申立書類とともに提出することが望ましいことに変わりはない。

3　裁判所への事前相談、破産管財人との協働

　滞納処分のおそれがある事案など、早期の開始決定を希望する場合には、裁判所へ事前相談をしておく方がよい。破産申立書の作成も、完璧を目指すよりはスピード重視で対応し、破産管財人と協働して事案を進めていけばよ

---

[49]　いわゆる密行型の破産申立てとオープン型の破産申立てのイメージや留意点については、野村剛司編著『法人破産申立て実践マニュアル［第2版］』（青林書院、2020年）22頁以下及び115頁以下。

[50]　裁判所への事前相談については、野村剛司編著『法人破産申立て実践マニュアル［第2版］』（青林書院、2020年）143頁。

い。

　事前相談のタイミングは、事業譲渡の前後の両論があり得よう。第3章で取り上げた事業譲渡の手続選択にもよるが、事業譲渡前に事前相談を行う場合、必然的に事業譲渡の内容や事業譲渡の実行に関して、裁判所や破産管財人候補者から、債務者側やスポンサーの意向とは異なる考えに基づき、事業譲渡の内容やスケジュール等について修正を求められる可能性があるため注意が必要である。事業譲渡の適正性について特段懸念がなく、事後的に裁判所や破産管財人への合理的な説明が可能であると見込まれる場合にまで事前相談を行う必要はないであろう。

　また、当然ながら、申立代理人としても申し立てておしまい、ということではなく、適切な管財業務の遂行のため、それが依頼者や従業員などの利益のためになることを意識しつつ、破産管財人と協働して事案を進めていく姿勢が求められる。

第8章　事業停止日前後の要対応事項　121

第 9 章

親族や従業員に対する事業承継

1　親族や従業員に対する事業承継の留意点

　会社経営陣の親族や従業員に事業を承継する場合には、破産申立前の事業譲渡に関する一般論とは少し異なった留意が必要になる。

　このような会社関係者への事業承継の場合には「事業譲渡対価が不当に低くなっているのではないか」という懸念が生じやすいから（このことは、破産法161条2項各号とも親和的である。）、破産手続において、破産管財人から事業譲渡対価の相当性に疑義を抱かれないように、客観的な資料を十分に準備して理解を得るようにするなど、慎重な配慮が求められよう。また、事業を承継した親族がそのまま同種の事業を継続する場合、譲渡会社の債権者等からなかば感情的な反発を受けるケースも少なくない。債権者その他の利害関係人に経済合理性や事業譲渡の意義等について説明を尽くすなどして、そのような反発を可及的に解消することが、ひいては、承継対象事業の円滑なリスタートにもつながることから、法的な観点のみから杓子定規に考えることなく、バランスのよい事業承継を志向するべきであろう。

2　第二次納税義務についての検討の必要性

　第二次納税義務とは、納税義務者に滞納処分を執行してもなお徴収すべき額に満たないと判断された場合、その納税義務者と一定の関係がある者に対しても納税義務を拡張する制度である。

　第二次納税義務は、納税者が生計を一にする親族その他納税者と特殊な関係のある個人又は被支配会社（納税者の特殊関係者）であって政令で定めるものに事業を譲渡した場合に課せられる（国税徴収法38条。なお、通達によ

122　第3部　テーマ解説

り、会社分割についても「事業の譲渡」に該当するとされている。）。特殊関係者の範囲は同法施行令13条で規定されており、納税者が被支配会社の場合は被支配会社の判定の基礎となった株主又は社員と事業を譲り受けた者との関係で判断される（同法施行令13条1項4号・6号。特殊関係者の範囲については、国税庁国税徴収法基本通達「第38条関係　事業を譲り受けた特殊関係者の第二次納税義務」参照。）。

　また、納税者の特殊関係者の範囲に該当するか否かは、納税者がその事業を譲渡した時の現況によって判定される。例えば、破産会社の支配株主の親族が支配株主となる会社が譲受人となった場合であっても、事業譲渡時点で破産会社の支配株主と当該親族とが生計同一でないときは、事業譲渡後に生計同一となったとしても譲受会社は特殊関係者には当たらない。このように、具体的事案に即した慎重な対応が求められる。

　なお、平成28年度税制改正前は、第二次納税義務の発生要件として、譲受人が同一場所において事業を行う場合であることが必要とされていたが、平成28年度税制改正によりこの要件は削除されている。

コラム　個人事業者の事業継続の可否

　個人事業者は、必ずしも破産申立て及び破産手続開始決定によって廃業しなければならないわけではない。他方、当該事業により、生計を維持するだけの収益を得られず、事業改善の見込みもないのであれば、経済的再生の観点からも廃業するのが無難だと考えられる。

　しかし、事業に一定の収益性があれば、事業を継続することにより破産者の経済的再生が図られることもある。破産手続開始後も事業を続けることが可能なときには、個人事業者においても事業継続を検討すべき場合があろう。

第9章　親族や従業員に対する事業承継　123

例えば、一人親方で、買掛金・売掛金がほとんどなく、形式的には請負契約であるものの報酬は毎月の生活費を稼ぐ程度であれば、給与所得者とほとんど異なる点がないといえ、事業に供する工具類等は差押禁止動産であり（民事執行法131条6号等）、本来的自由財産と考えられる。また、換価価値の認められない財産については、破産管財人が破産財団から放棄して破産者に使用継続することを認める場合もある[51]。

とはいえ、個人事業者が事業を継続するときには、以下のとおり、いくつかの留意点がある。

1 事業用資産及び本来的自由財産とその範囲

在庫商品や機械などの事業用資産は原則として破産財団に帰属するが、財産的価値があっても、農業を営む者の農業に欠くことができない農機具等（民事執行法131条4号）、漁業を営む者の水産物の採捕又は養殖に欠くことができない漁網その他の漁具、えさ及び稚魚等（同条5号）、技術者、職人等が職業又は営業に従事する場合はその業務に欠くことができない器具等（同条6号）は差押禁止財産であり、本来的自由財産となる。

本来的自由財産である差押禁止財産の判断についてはその範囲が問題となることもあるが、その範囲の検討にあたっては破産者の「経済生活の再生の機会の確保」（破産法1条）の趣旨も踏まえ、破産者の生計の維持には事業継続が不可欠と考えられる場合、「当該事業の継続に当該事業用財産が不可欠か」という観点から判断すべきと考えられる。例えば、内科医にとってレントゲン撮影機の不可欠性を認めた裁判例もある[52]。

---

51 岡伸浩ほか編『破産管財人の財産換価［第2版］』（商事法務、2019年）291頁。
52 東京地八王子支判昭和55・12・5（判時999号86頁）は、債務者が内科、小児科を専門とする医師であり、機械はその1台しかないなどの事情のもとで、レントゲン撮影機が民事執行法131条6号の差押禁止財産に当たるとしている。

124 第3部 テーマ解説

2 売掛金・買掛金の処理

売掛金と買掛金などの債権債務の処理、特に開始決定時における債権債務の切り分けは重要である。破産手続開始決定前の稼働により発生した売掛金は、破産手続開始決定後に支払われる場合であっても原則として破産財団に帰属し、定型的な拡張適格財産とはいえないことにも留意が必要である。また、仕入れなどの買掛金債務は破産債権となるので、破産者が弁済すると否認対象行為となるおそれもある。

3 一定規模以上の事業の場合

一定規模以上の事業の継続を希望する場合には、個別財産の評価のみならず、営業権の評価の問題になることもあるので留意が必要である。

個人事業者が事業の継続を希望する場合は、以上の留意点があるため、申立てにあたっては、事業の状況（事業内容・事業規模）、事務所の明渡しの要否、従業員の有無や未払労働債務の有無、事業による資産・負債の内容等について詳細な報告を準備したうえで、破産申立前に裁判所に事前相談を行い、破産管財人候補者と協議するなど慎重な対応が必要と考えられる[53]。

---

53 このほか、個人事業者の事業継続に関する留意点については、野村剛司編著『個人事業主とフリーランスの債務整理ハンドブック』（民事法研究会、2024年）126頁以下も参照されたい。

第9章　親族や従業員に対する事業承継　125

第 10 章

許 認 可

　譲渡対象事業が許認可を要する事業の場合、許認可は事業譲渡によって当然に移転するわけではない。譲受先において同様の許認可を有していない場合や、譲受先が同業であっても、事業所単位で許認可を受けており、事業所の運営主体（設置者）が変更となる場合には、許認可の根拠法令が規定する承継手続や新規取得の手続を行う必要が生じる。

　そのため、譲渡対象事業が許認可を要する事業の場合には、まず、当該許認可を事業譲受会社に承継させることが可能か否かを確認する必要がある。承継可能な場合は、許認可を承継させるか譲受会社で新規取得するかについて、スポンサーの意向等を踏まえて決定することになる。他方、許認可が承継不可能な場合は譲受会社に必要な許認可を新規取得してもらうしかない。

　ツクシ建装のストーリーでは仕掛工事を新会社で継続する際に建設業許可の新規取得が必要か否かの検討をしたが、建設業は譲受先が必要な許可を有していれば、新たに許可を取得する必要はない。

　許認可の種類によっては、許認可の承継手続や新規取得の手続に一定程度時間がかかることも珍しくなく、許認可の承継や新規取得が可能であったとしても、債務者の資金繰り状況や滞納処分を受ける可能性の程度等によっては、事業譲渡自体が困難になるケースもある。また、事業譲渡と会社分割とで許認可の承継の可否やその前後に必要となる手続が異なる場合もあるから、許認可の承継手続は、スポンサーへの事業の承継方法に関する手続選択にも影響し得ることになる。そのため、債務者の営む事業が許認可事業の場合には、早期の段階で個別法の調査や許認可庁への確認等を行い、事業譲渡手続の障害にならないか否かについて検討をしておく必要がある。

　事業によっては、許認可関係の承継が事業譲渡にとって決定的に重要とな

126　第3部　テーマ解説

ることもある。例えば、一般旅客自動車運送事業（バス事業・タクシー事業等）の譲渡の場合、当該譲渡について認可を受けることが事業譲渡の効力発生要件になっていることから（道路運送法36条1項）、事業譲渡を有効に実行するためには当該認可の取得が必要となる。認可申請手続に必要な時間を確保する必要があるほか、認可申請手続時の情報管理にも十分な注意が必要となる。

また、破産管財人による譲渡を想定している場合、スキームの選択にあたり、破産手続開始が許認可の取消事由となっていないかについても確認が必要である。

さらに、法改正により、従前は許認可の承継が認められていなかったものの、一定の承継手続または届出により許認可の承継が認められるようになったものもある。タンポポ製菓のストーリーで問題となった食品衛生法に基づく営業許可は、2023年の法改正により、許認可の承継が認められるようになった。このほかにも、2023年の法改正により、理美容業、クリーニング業、旅館業、公衆浴場業等について許認可の承継が新たに認められるようになった。このように、法改正による制度変更がなされることもあるため、事業譲渡にあたっては、最新の法制度を確認する必要がある。

なお、許認可の種類・内容によって、またその地域によって特殊な運用がなされていることがあり、事案によっては、その分野に精通した行政書士、コンサルタント等の専門家と連携することが有益な場合もある。

第10章　許認可　127

第 11 章

資産別にみる留意点①
（担保不動産・リース）

1 譲渡対象に担保不動産がある場合の対応

　事業譲渡の対象に担保権付きの所有不動産が含まれている場合、譲渡にあたって担保権の解除を受ける必要があることから、担保権者との協議、交渉が不可欠となる。逆にいえば、担保権者と協議を行い、担保解除の合意を取りつけることができれば、たとえ破産が見込まれる事案であっても、当該所有不動産を含めた事業譲渡が可能となる。

　担保権者との協議にあたっては、対象となる不動産の評価が問題となるが、危機時期であることを考慮すると債務者からは早期処分価格を参考にして評価額を提示するケースが多い。担保権者の評価との間で相違が生じる場合も少なくないが、他の債権者との公平性の観点から、不相当に高い価格での受戻しはするべきではなく、早期処分価格と正常価格の範囲内で受戻額の合意を図ることが望ましい。なお、スポンサーから不動産の対価を含めて譲渡対価が総額で提示されている場合、受戻額に応じて不動産以外の譲渡対価が定まる関係にあるため、事業譲渡対価の相当性を判断する際には注意が必要である。

　さらに、担保権者との交渉にあたっては、不動産価格の相当性だけではなく、事業譲渡の意義、すなわち事業継続による連鎖倒産の防止、雇用の維持、地域経済への影響等についても丁寧に説明を行う必要がある。単なる不動産の任意売却とは異なり、不動産の価格以外にも、事業譲渡を前提とするスキーム全体が、担保解除にあたっての担保権者の検討対象となるからである。

　また、破産が見込まれる事案においては、担保権者に対する情報開示や説

128　第3部　テーマ解説

明の方法に特に注意を払う必要がある。このような事案では、担保権者側も
「債務者が破産を選択するだろう」と想定している場合があり、適切かつ十
分な説明がなければ、廃業を前提とした破産の準備をしているものと捉えら
れ、預金凍結が行われたり債権回収目線での意思形成が図られたりするおそ
れがあるからである。そのため、まずは債務者と担保権者との関係性や相談
前に当事者間でどのような協議がなされていたかを確認する必要がある。加
えて、担保権者との協議にあたっては、債務者とその事業に対して担保権者
がどのような見方をしているのかを把握するよう努めつつ、事業継続の必要
性とその見込みについて十分に説明を行い、事業譲渡の方針についても丁寧
に説明を行うことが必要になる。

2 担保権者との交渉

担保不動産について、担保権者と交渉するにあたっては、当該担保不動産
の評価額が問題となることから、原則として、不動産鑑定書等の不動産評価
に関する資料を提示する必要がある。また、提示する不動産鑑定書には早期
処分価格を明記してもらい、まずは早期処分価格を提示して担保解除を求め
ることになると思われる。

もっとも、担保権者も担保評価のために不動産評価を取得しているとこ
ろ、不動産評価には一定の幅があるため、債務者と担保権者との間で評価に
ついて意見の相違が生じることも少なくない。破産手続前に事業譲渡を実施
する場合には、民事再生法の担保権消滅許可制度のような法的手段が取れな
いため、評価をめぐって意見が食い違っても、最終的には担保権者との協議
によって解決を図るほかない。協議に際しては、事業譲渡の意義や全体のス
キームを説明して、価格以外の面でも相当性があることについて説明を尽く
すことも重要であるが、不動産対価について一定の上乗せを検討せざるを得
ない場合も多い。

受戻額の上乗せを検討するにあたっては、事業譲渡全体の対価の相当性に
ついての考慮が必要となる。通常、スポンサーからは事業譲渡対価は総額で
提示されることが多いが、債務者としては、そのなかから担保不動産の評価

第11章　資産別にみる留意点①（担保不動産・リース）　129

に相当する額を担保解除に充てることになり、残額が無担保の資産の対価と考えることになる。受領する対価のほとんどを担保不動産等の担保提供資産の担保解除のために充ててしまうことになると、担保提供資産以外の資産に対する対価が低廉になってしまい、結果として譲渡対価が不相当と評価されるおそれもある。そのため、担保不動産その他の担保提供資産の対価（ひいては担保解除に充てる金額）の上乗せを検討するにあたっては、担保不動産自体の対価の相当性だけでなく、無担保の資産の対価との兼ね合いでも、慎重な検討が必要である。

また、のちに破産手続が控えている以上、手続費用の確保という観点での検討も必要である。スポンサーから受領する対価を担保解除のための支払に充てた場合、債務者が対価として実際に受領できるのは、その余の残額となる。この残額とスポンサーへの承継対象に含めない保有現預金等をもって破産申立てに係る代理人報酬、破産予納金等を支払う必要があることから（必要に応じて解雇予告手当や従業員給与、退職金を支払うこともある。）、事前に必要となる手続費用等を試算し、これらを確保できる範囲で担保不動産等の受戻額を決定する必要がある。

なお、事業譲渡対価を増額することが可能であれば、これをもって受戻額を上乗せすることができることから、スポンサーに対して事業譲渡対価の増額を打診することも検討するべきである。仮にスポンサーが増額に応じなくても、担保権者との交渉において、スポンサーと事業譲渡対価の増額協議を行ったことを説明すれば、債務者において可能な限りの対応を行っていることを示すことにもつながるからである。

3　譲渡対象にリース物件・割賦物件がある場合の対応

譲渡対象にリース物件、割賦物件（以下、これらを総称して「リース物件等」という。）が含まれている場合、承継先の与信に問題がなければスポンサーにおいて承継可能であるケースが多いと思われる。事業譲渡にあたって、スポンサーにおいてリース物件等に係る債務者の契約上の地位を承継し、従前どおりの支払を継続できれば、スポンサーにとっても、一時的な支

出を抑えることができるという点でメリットとなり得る。

　これに対し、リース物件等の評価をもとにリース物件等の受戻しを行う、すなわち残リース料・残割賦債務を下回る金額で債務者が物件の所有権を完全に取得できるよう交渉することも考えられるが、一筋縄にはいかないことが多い。リースの種類にもよるが、一般にリース料は、リース物件の購入価格に金利、手数料等を上乗せして決定されていることから、残リース料自体がおおむね物件の価値であると認識し得るものの、動産には中古品になると市場価値が大幅に下がるものが多く、リース会社の評価額と債務者（債務者から当該リース物件等を承継するスポンサー）の評価額に開きが生じやすいからである。

　自動車のように中古市場が成熟しており流動性が高い物件については、中古でも相応の価格で換価が可能であることから、強硬に引揚げを主張されることも少なくない。他方で、古い事務機器や什器備品類など、換価価値が乏しく、引き揚げても売却や他社へのリースが難しいような物件は、残リース料金よりも安価での買取りに応じてもらえる可能性もあるが、リース会社によっても対応が異なり、一律に買取りに応じてもらえるわけではない。買取り自体を断られる場合もあり、買取りが可能であるとしてもおおむね残リース料（残価設定がある場合は残価を加えた額）の一括支払を求められることも多く、資金繰りを考慮すると買取りを行うメリットは乏しい。

　また、そもそもリース会社において、法的倒産手続に入っていない段階での交渉に応じる体制が取られていない場合もあり、債務者において物件の評価を取得して、その評価額をベースに買取りを行うという協議には応じてもらえないこともある。

　この点、リース物件等は、不動産と異なり、担保権実行が比較的容易であることから、債務者からの交渉の申出を契機として、リース会社が回収行為を即座に選択するおそれもあるため、リース会社との交渉に際しては、説明方法について十分に留意する必要がある。とはいえ、倒産手続を想定して話をすることはできず、そうすると、リース会社としても担保権実行の局面（清算局面）と比較検討する状況になく、また、債務者としても買取価格の

減額を求める理由の説明が難しいことから、買取価格の減額を交渉することは困難となる。

　一方で、リース会社においても、破産手続が開始されれば、担保権実行の場面となるため、その物件価値との比較で経済合理性の判断を行うことになる。そのため、債務者において、リース物件等に関して特に手続を行うことなく、破産を申し立てたあとに、スポンサーからリース会社に対して買取交渉を行うことも考えられる。ただし、破産手続の場合は、民事再生のような担保権実行中止命令もないことから、協議が整わなければ、リース物件等を引き揚げられるおそれもある。事業に必要な物件が引き揚げられれば、事業が極めて不安定な状態になり、事業譲渡が困難となることから、物件の必要性、代替可能性等も踏まえて、慎重に対応を検討する必要がある。

　以上を踏まえると、事業に必要不可欠なリース物件等については、原則として契約を承継することを第一方針とすることが無難であるように思われる。自動車等は代替性のある物件であることから、債務者の使用するリース物件が事業に必要不可欠となっている場合（台数等の観点から容易に準備できない場合を含む。）を除き、スポンサーにおいて別途準備してもらうことも考えられる。

　なお、スポンサーから、事業対価が総額で提示されている場合、受戻額を支払ってリース物件等の完全な所有権を取得することを選択すると、リース物件等以外の事業対価に影響が生じることは不動産の受戻しと同様である。

第 12 章

資産別にみる留意点②
（賃借不動産）

1　申立代理人において賃借不動産の明渡しを行うことの要否

　事業譲渡会社に賃借不動産がある場合で、賃借不動産についてスポンサーが承継を希望しない場合、破産管財人の管財業務を減らして予納金を低廉化したり、敷金の返還が受けられる場合にこれを手続費用に充てたりすることを目的として、明渡作業を申立代理人において行う場合もある。破産手続開始決定時点で明渡未了の賃借物件が存在する場合、予納金が高く設定される傾向にあり、また、破産手続開始決定日から明渡日までの賃料又は賃料相当損害金や明渡しに要する費用は財団債権となり（破産法148条1項2号、4号又は8号）、破産財団にとっても大きな負担になるためである。

　申立代理人において明渡業務を行うことを検討するにあたっては、破産手続開始決定後に破産管財人の手によって明渡しが行われる場合の処理を念頭におくことが不可欠である。特に問題となる点としては、賃貸借契約の終了に伴って生じる費用の取扱いがあげられる。不動産の明渡費用ならびに破産手続開始後の賃料及び賃貸借契約終了から明渡しまでの間の賃料相当損害金が財団債権に該当することには争いがないが、原状回復に要する費用が破産債権に該当するのか財団債権に該当するのかについては争いがある[54]。

　この点からは、破産手続開始申立時（あるいは事業停止時）までに賃借物件の処理について目途をつけておくことが好ましいものの、賃貸人との関係性、明渡しや原状回復に要する費用などによっては、破産管財人に処理を委

---

[54]　中吉徹郎＝岩﨑慎編『破産管財の手引［第3版］』（金融財政事情研究会、2024年）198頁、川畑正文ほか編『破産管財手続の運用と書式［第3版］』（新日本法規出版、2019年）127頁など。

第12章　資産別にみる留意点②（賃借不動産）　133

ねた方が混乱なく円滑に処理ができる事案もある。そのため、申立代理人においては、財産保全行為という側面とのバランスを勘案しながら、個別具体的な事情を踏まえた対応が求められる。必要に応じて裁判所あるいは破産管財人候補者に状況を説明したうえで、事前に方針を相談することも重要である。

2　明渡作業・賃貸人対応における留意点

申立代理人において明渡しを行ったうえで、原状回復費用の処理については「破産債権として扱う」あるいは「破産手続のなかで賃貸人と破産管財人が協議する」といったかたちで、賃貸人と合意しておくことも選択肢としてあげられる。

賃貸借契約において中途解約の際の違約金条項が定められている場合があるが、破産管財人が双方未履行解除を選択する場合には、違約金条項は適用されないとの整理がなされることが多いことから[55]、違約金条項の適用がなければ相当額の敷金返還が見込める事業では、申立代理人において解約申込みを行わず、破産管財人に明渡作業を委ねる方が破産財団の増殖に資する場合もある。

このほか、債務者が敷金や保証金を差し入れている場合、その充当順序が問題となる。この点に関しては、①民法488条4項2号に基づき債務者のために弁済の利益が多いものから充当する、②民法488条4項3号に基づき弁済期が先に到来したものから充当する、③担保取得者である賃貸人に有利になるよう充当する、などさまざまな見解が存在するところであり[56]、いずれの見解を採用するかによって破産手続における財団債権が変動する事案も存

---

[55]　中吉徹郎＝岩﨑慎編編『破産管財の手引［第3版］』（金融財政事情研究会、2024年）198～199頁、川畑正文ほか編『破産管財手続の運用と書式［第3版］』（新日本法規出版、2019年）128頁、井上計雄「賃借人破産における破産法53条1項による解除の規律」倒産実務交流会編『争点　倒産実務の諸問題』（青林書院、2012年）349～350頁など。

[56]　この点に関する見解の諸相を分かりやすく整理するものとして、堀正哉「敷金の充当関係と充当後残債務の処理について」倒産実務交流会編『争点　倒産実務の諸問題』（青林書院、2012年）353～356頁がある。

在する。申立代理人においては、債務者の賃貸人に対する債務の内容及び金額を正確に把握したうえで、敷金や保証金の処理に関する交渉方針を検討しなければならない。

　また、申立代理人において賃借不動産の明渡業務を行う場合には、適正に明渡業務を行ったことを裁判所及び破産管財人に説明するために、明渡前・明渡完了後の様子を写真撮影して記録化しておくなど、明渡業務の経過を破産管財人に報告できるように準備を整えておくのが望ましい。

3　譲渡対象に賃借不動産がある場合の対応

　商業施設等の一区画を店舗として使用している場合、これらの出店契約には、賃貸借契約のように固定の賃料を支払う定めになっているもののほかに、売上額に応じて売上げの一部を使用料として支払うことになっている契約（歩合賃料）もある。また、ショーケースやレジ設備が備え付けなのか自前なのかも契約によってさまざまである。このほか、差入保証金の有無、売上金の管理方法（売上預託方式かどうか）といった点も確認しておくべき事項である。そのため、早期にそれら契約の内容を確認し、承継先や貸主との交渉方針、事業停止時の対応について検討することが重要である。

　借地上の建物の譲渡に際しては、地主の承諾が必要である（民法612条1項）。平時においては、承諾に際して、承諾料の支払を求められることもあり、地域によっては借地権評価額の数パーセントといった相場がある場合もある。もっとも、危機時期にある会社の場合、金額にもよるが、承諾料を支出することが困難な場合も少なくない。また、承諾を得られなかった場合は、裁判所に借地権譲渡承諾に代わる許可制度（借地借家法19条1項前段）もあるが、時間を要するため、資金繰りがもたなくなったり、スポンサーが承継に消極的になってしまったりするおそれがある。借地権者がそのまま破産する場合と比べて、借地権の譲渡を承諾し、体力のある新たな借地権者を確保することは地主にもメリットがあるため、事情を丁寧に説明し、まずは無償で承諾を得る交渉を行い、無償では難しい場合でも、できる限り承諾料を少額とするよう交渉する必要がある。

第12章　資産別にみる留意点②（賃借不動産）　135

このほか、建物に関する保険や水道光熱に関する契約などの処理などについても、遺漏がないように事前に譲受人（スポンサー）と十分に協議する必要がある。

第 13 章

資産別にみる留意点③
（知的財産権）

　知的財産権には市場性がないものも多く、その売却先が同業他社や破産者の関係者等に限定されることもあり、これらの者に買受けの意思がない場合、買受希望者を探索することは困難となることが多い。もっとも、タンポポ製菓の事案のように、知的財産権を含めた事業全体を譲渡することが可能である場合には、知的財産権を含めた事業の譲渡対価の相当性が問題となる。

　知的財産権一般の評価手法としては、取引事例比較法（マーケットアプローチ）、収益還元法（インカムアプローチ）、原価法（コストアプローチ）があるが、知的財産権は新規性や独創性にその本質があるため、不動産のように、所在地が近いものや構造・用途等が類似するものを参考にして評価するという手法が採りにくい[57]。事業譲渡の譲渡対象資産として知的財産権を譲渡するという場面ではなく、知的財産権単体で破産管財人が換価する場面では、買受希望者がおらず、共有者に登録申請費用程度で譲渡することも多くあり[58]、滞納のある管理費用相当額で譲渡するということもあり得る。このように、知的財産権一般の評価手法として決定的といえるものはない。

　知的財産権についても清算価値との比較検討が必要であるところ、破産管財人が当該知的財産権を単独で売却できるような市場性のあるものである場合には、上記のような一般的評価手法で当該知的財産権のみで評価することが可能なケースもあると思われる。もっとも、特に商標権についてはそのようなケースは多くなく、商標権を含む事業価値の評価、相当性を検討するなかで一定の考慮をする方法によらざるを得ない場合が多いと思われる。判断に困る場合には、弁理士や公認会計士等の専門家に意見を聴くのも選択肢の

---

[57]　岡伸浩ほか編『破産管財人の財産換価［第2版］』（商事法務、2019年）449頁。
[58]　野村剛司ほか『破産管財実践マニュアル［第2版］』（青林書院、2013年）165頁。

ひとつである。

　特許庁等への登録により初めて権利が発生する特許権、実用新案権、意匠権及び商標権等の知的財産権については、譲渡についても移転登録が効力発生要件となっている（特許法98条1項1号・2号、商標法35条、実用新案法26条、意匠法36条）。そのため、事業譲渡の対象資産に特許権や商標権が含まれる場合には、事業譲渡実行後速やかに移転登録を行う必要がある。また、知的財産権が共有となっている場合、共有持分を譲渡するためには他の共有者の同意が必要とされていること（特許法73条1項、商標法35条、実用新案法26条、意匠法36条、著作権法65条1項）にも注意が必要である。

　債務者が知的財産権の実施許諾（ライセンス）を受けており、スポンサーにおける承継対象事業の遂行に際して当該知的財産権の利用が必要となる場合、商標権や著作権の通常実施権については、ライセンサーから実施許諾契約に係る契約上の地位の移転について承諾を得るか、又は、スポンサーにおいてライセンサーとの間で新たに実施許諾契約を締結してもらう必要がある。これに対し、特許権・実用新案権・意匠権の通常実施権については、特許権者等の承諾を得た場合だけでなく、「実施の事業とともにする場合」にも通常実施権の移転が認められている（特許法94条1項、実用新案法24条1項、意匠法34条1項）。もっとも、事業譲渡に伴う通常実施権の譲渡が「実施の事業とともにする場合」に該当すると判断できるか否かは不透明な面があり、また、ライセンサーとの実施許諾契約において、ライセンサーの承諾なく通常実施権を第三者に譲渡することは禁止されていることが通常であるため、特許権・実用新案権・意匠権の通常実施権の譲渡についても、事前にライセンサーの承諾を得て行うことが一般的である。

　このほか、事業譲渡後に債務者の商号を続用しない場合であっても、債務者の商標やブランド名を続用する場合にも商号続用責任（会社法22条1項）が類推適用されることがある点にも留意が必要である[59]。商号続用責任を負わないようにするためには、スポンサーにおいて、免責登記を行うか、事業

---

[59]　東京地判平成27・10・2（判時2331号120頁）、東京地判平成31・1・29（金判1566号45頁）など。

譲渡後遅滞なく、譲受会社及び譲渡会社から第三者に対して、譲受会社が譲渡会社の債務を弁済する責任を負わない旨を通知する必要がある（同条2項。なお、後者の場合、免責の効果を主張できるのは当該第三者との関係に限られる。）。申立代理人としては、無用なトラブルを防ぐためにも、事業譲渡後にスポンサーにおいて債務者の商標やブランド名を使用することが想定される場合には、あらかじめこれらの点についてスポンサーに対して説明しておくことが望ましい。

第 14 章

破産管財人・保全管理人との連携

　ナノハナ衣料とツクシ建装の事案では、申立代理人が事業譲渡を実行したあとに破産申立てを行ったが、タンポポ製菓のように、破産管財人に事業譲渡を委ねることを検討すべき事案もある。例えば、事業譲渡についての株主総会特別決議を経ることが困難な場合、申立人サイドで事業譲渡を実行するまでに資金繰りを維持することが困難である場合、スポンサーに否認リスクを避けたいといった意向がある場合、代表者の死亡・不在等により事業譲渡契約の締結・実行ができない場合などが考えられる。

　また、破産申立後の保全管理命令を活用することもあり得る。例えば、破産手続開始が、事業に不可欠な契約（タンポポ製菓のような事案における出店契約や、特定の派遣会社から多くの派遣労働者を受け入れている場合の労働者派遣契約等）の解除原因となっていたり、卸売市場における事業権等の特殊な営業権などの許認可等の喪失事由となっていたりする場合には、保全管理命令の発令を申し立て、保全管理人による事業譲渡を試みるということも考えられる。ただし、保全管理人による事業譲渡の場合は、株主総会の特別決議等、当該法人において所定の機関決定を経る必要がある。そのほか、保全管理手続を活用する場合として、資金繰りなどとの関係で事業譲渡契約を先行させ、短期間の保全管理手続をはさんで、その期間中に保全管理人に事業譲渡契約の相当性を検証してもらい、破産手続開始決定後に破産管財人として事業譲渡契約の履行選択をしてもらう場合もある。

　破産管財人や保全管理人に事業譲渡の実行を委ねる場合、原則として裁判所とこれらの候補者を交えた事前相談が必要である。事前相談を行うにあたっては、まず事前相談メモを作成する。事前相談メモには、法人の概要や債権者数、負債総額といった形式的な事項に加え、当該事案で問題となる事

140　第3部　テーマ解説

項、検討を要する事項等を記載する。また、破産管財人（保全管理人）候補者を交えた検討を要する場合は、利益相反の有無を確認してもらうため、債権者一覧表や主要な債権者の記載がある決算書類を提出することが必要である[60]。事前相談メモが完成したら、事前相談メモと添付資料一式をFAX等で送付するとともに、裁判所の担当係に電話連絡のうえ事前相談のアポイントを取る。

ただし、裁判所によっては運用が異なる可能性があるので、経験がない場合は進め方について事前に裁判所に確認した方がよい。

| コラム | **事業譲渡に関する株主総会決議と破産手続** |

　株式会社が事業譲渡を行う場合、株主総会の特別決議による承認を得ることが必要である（会社法467条1項、309条2項11号）。そのため、事業譲渡を検討するにあたり、株式が分散しており、特別決議による承認を得られるか否かが不透明な場合、当該承認が得られるか否かについて、事前に検討しておく必要がある。

　事業譲渡についての株主総会の特別決議による承認を確実に得られる見通しがない場合、破産手続開始申立前に事業譲渡を行うのではなく、破産手続開始決定後に破産管財人に事業譲渡を行ってもらう方法が考えられる。破産管財人には財産の管理処分権が専属するので（破産法78条1項）、裁判所の許可を得ることで（同条2項3号）、株主総会の特別決議による承認を経ることなく事業譲渡を実行することができるからである[61]（なお、保全管理人が事業譲渡を行う場合について当該承認を得る必要があるか否かについては争いがあるが、立案担当者は株主総会決議が必要で

60　川畑正文ほか編『はい6民です　お答えします（倒産実務Q&A）［第2版］』（大阪弁護士協同組合、2018年）100頁以下参照。

あると解している[62]。)。

　それでは、株主総会の特別決議による承認が得られるとの見通しのもと、破産手続開始申立前に事業譲渡契約を締結したが、株主の心変わりなどの理由で当該承認が得られそうになく、株主総会を開催していない状態で破産手続が開始し、破産管財人が当該事業譲渡契約を双方未履行双務契約として履行選択する場合（破産法78条2項9号）、株主総会の特別決議による承認を経ていないことは事業譲渡の効果に影響するだろうか。会社法は、効力発生日の前日までに、株主総会決議によって事業譲渡契約の承認を受けなければならないと定めているところ、破産管財人は、株主総会決議による承認がないという瑕疵を内包する事業譲渡契約を双方未履行双務契約として履行選択をするとも解し得るが、当該履行選択によって、株主総会特別決議による承認が不要となるのか、というのがここでの問題である。

　この点については、会社法上の瑕疵がある契約の履行選択を裁判所が許可してよいのかという点も問題となり得るように思われる。他方で、例えば、①「破産手続開始申立前に申立代理人が準備→破産手続開始申立て、即日開始決定、即日事業譲渡の許可＋事業譲渡契約＋クロージング」の場合、前述のとおり、株主総会の特別決議による承認が不要なことについては問題がない。このような場合と、②「破産手続開始申立前に事業譲渡契約締結→破産手続開始申立て、即日開始決定、即日履行選択＋クロージング」という場合とは、実質的に同じとも考えられるし、破産管財人による履行選択を破産管財人による新たな事業譲渡契約の締結と同視することもできるように思われる。

　筆者としては、①と②のいずれも裁判所の許可を要件としており、また、①と②に実質的に異なる点はなく、結局のところ、破産管財人がす

61　その根拠について、木内道祥「倒産手続における事業譲渡と株主総会決議の要否」田原睦夫先生古稀・最高裁判事退官記念『現代民事法の実務と理論（下）』（金融財政事情研究会、2013年）84頁以下参照。

62　小川秀樹編著『一問一答新しい破産法』（商事法務、2004年）142頁。

142　第3部　テーマ解説

でに締結された事業譲渡契約を双方未履行双務契約として解除し、まったく同じ内容の事業譲渡契約を締結すれば株主総会決議の問題は生じないこととなるが、このような迂遠な方法を採る必要もないと思われるので、②の場合においても株主総会の特別決議による承認は不要であると解したい。実質的にも、破産手続が開始している以上、「事業」について、株主の権限を及ぼす必要はないと思われる。

第 15 章

スタートアップ企業

1 スタートアップ企業の事業譲渡による再生

　スタートアップ企業は、エクイティー（出資）のみによって資金調達を行っていると誤解されがちであるが、創業期に政府系金融機関等から借入れを受けているケース、拡大期においてエクイティーでの資金調達と併せて借入れによる資金調達が行われているケース、コロナ禍において低金利のコロナ融資を利用しているケースなど、金融負債がある場合も珍しくない。また、資金繰りに窮した状態のスタートアップ企業においては、滞納公租公課が積み重なっているケースも散見される。

　債務超過状態にあり資金繰りに窮するスタートアップ企業においては、単に破産するのではなく、事業譲渡を活用して事業の維持再生を図ることができる場合は少なくない。もっとも、債務者がスタートアップ企業の場合にはいくつか留意すべきポイントがある。

2 スポンサー探索

　スタートアップ企業では、複数の投資家から出資を受けていることも多く、事業上のシナジーを見込んだ事業会社から出資を受けているケースもある。また、スタートアップ企業の経営者は、他の起業家やベンチャーキャピタルをはじめとする投資家等との横のつながり（スタートアップコミュニティーとも呼ばれる。）があることが多い。

　そのため、債務超過状態にあり資金繰りに窮するスタートアップ企業では、出資を受けている既存投資家に対して追加出資を要請するだけでなく、負債の全部又は一部を承継しないことを前提とするスポンサー支援を要請す

144　第3部　テーマ解説

ることによって、スポンサーが見つかることもある。

　外部スポンサーが見つからない場合でも、開発等に携わってきた幹部従業員が新会社（受皿会社）を設立し、当該新会社に事業譲渡を行うことで、事業を残せる場合もある。

3　譲渡対価の相当性

　譲受希望者が複数存在し、入札等の競争的選定手続によりスポンサーを決定するケースでは、当該手続により譲渡対価の相当性を担保することが可能であるが、購入希望者が1社のみのようなケースでは、譲渡対価をいくらにするか（相当性をどのように確保するか）という点が問題となる。

　この点、スタートアップ企業では、資金の大半をプロダクト開発に投下しているため、事業譲渡の対象となるのは、開発中のプロダクト（ソフトウェア等）とパソコン等の備品類程度しかない場合も多い。

　パソコン等の備品類については、中古品買取業者による見積りを取得することなどにより譲渡対価の相当性を確保することが可能である。他方、開発中のプロダクトについては、投下した開発費用の多寡にかかわらず、市場性が乏しい場合が少なくない。特に、開発途上にありキャッシュフローを生んでいないものであればなおさらである。

　開発中のプロダクトについて譲受希望者以外への売却が困難なケースでは、ごく低額の譲渡対価とすることも可能と考えられる[63]。その場合、広く

---

[63]　スタートアップ企業の事案ではないものの、中小企業の事業再生等に関するガイドラインに基づく廃業型私的整理の事例報告において、主な換価可能資産であった特許権の評価について、中小企業活性化協議会実施基本要領別冊3「中小企業再生支援スキーム」の別紙「実態貸借対照表作成にあたっての評価基準」に記載のある「十四　無形固定資産」部分の記載をひとつのよりどころとして、①特許権についてキャッシュフローを生んでいないものが大半であること、②特許権の譲渡可能性について、対象債権者や事業承継・引継ぎ支援センターの活用を通じて探索を続けてきたものの、譲渡先以外に譲渡先候補が現れなかったという経緯があることを踏まえて、評価額をゼロと判断した事例が報告されている（宮原一東ほか「主債務者及び保証人が一定の問題を抱えていたものの、中小企業の事業再生等のガイドライン（廃業型）を活用して、廃業型弁済計画（経営者保証ガイドラインとの一体整理）が成立した事例」事業再生と債権管理179号（2023年）73～74頁参照）。

第15章　スタートアップ企業　145

買受希望者を探索したという事実が重要となろう。広く探索してもその価格でしか買受希望者がいなかったのであれば、当該価格がプロダクトの「市場価格」といい得るからである。とはいえ、開発費として数千万円単位の資金を投入しているケースも珍しくなく、このような場合に無償に近いような金額に設定してしまうと、債権者から廉価売却であるとの疑いを招くこととなるため注意が必要である。

4　プログラムの著作物の取扱い

　スタートアップ企業が債務者の事案では、開発中のプロダクトが事業譲渡の対象に含まれることが多いが、開発中のプロダクトはコンピュータプログラムの形態を取ることが通常である。コンピュータプログラムは、プログラムの著作物として著作権の対象となり得る（著作権法10条1項9号）。

　著作権の譲渡の場合、その客体となる著作物そのものやその複製物が提供されていない限り、譲受先において当該著作物を使用することが困難となる可能性がある。そのため、プログラムの譲渡にあたっても、当該プログラムに係る著作権と併せて、その客体となる当該プログラムそのものやその複製物を譲渡対象に含めることが多い。

　プログラムの著作物の場合、譲受先においてメンテナンスやアップデートを行う観点からはソースコード[64]を利用できることが重要であり、ソースコードがなければ当該プログラムを利用した事業運営に支障を生じる可能性が高い。そのため、オブジェクトコードだけでなく、ソースコードも譲渡対象に含めておく必要がある。ソースコードの譲渡にあたっては、提供方法についても意識しておく必要がある。ソースコードがクラウドサーバー上に保管されている場合、契約の名義変更等によりクラウドサーバーごと譲渡先に移管する方法を採ることが考えられる。

　なお、著作権の譲渡は、特許権や商標権等と異なり[65]、当事者の意思のみ

---

[64]　人間が理解できる言語（プログラミング言語）で記載されたプログラムのこと。ソースコードをコンパイラ（翻訳機）にかけて、コンピューターで読み取り可能な「0」と「1」の羅列から構成される言語に変換したものがオブジェクトコードである。

で譲渡することが可能であり、移転登録は第三者対抗要件とされている（著作権法77条）。破産管財人は差押債権者と同様の第三者的地位にあると解されることから、著作権の譲渡について第三者対抗要件を具備していない場合、著作権の譲渡について破産管財人に対抗できないのが原則である。

　もっとも、危機時期にない状況で行われる通常のM&A取引としての事業譲渡においても、著作権の移転登録はあまり利用されておらず[66]、特にプログラムの著作物に係る著作権の移転登録は登録手続の負担が重いこともあり著作物権の移転登録を行うことはまれである。プログラムの著作物の場合、著作権の客体となる著作物そのものやその複製物も含めて譲渡されることが通常であり、著作権単体での換価は難しい場合が多いため、破産申立前の事業譲渡の場面でも、譲渡対象となる著作権に一定の市場価値があることが明白なケースを除いて移転登録までは行わないことが多く、移転登録を行っていない場合でも破産管財人が著作権の譲渡の効力を否定する可能性は低いと思われる。

5　共有の知的財産権

　スタートアップ企業では、オープンイノベーションの取組みとして、他の事業者や大学等と連携してプロダクト開発や事業開発を手がけることも多く、このような場合、成果物について共有とすることが共同研究開発契約等に規定されていることが珍しくない。

　第三者と共有している知的財産権を個別承継により譲渡するには、共有持分の譲渡であっても、共有者の同意が必要となる（特許法73条1項、著作権法65条1項など）。特に著作権は、登録によって権利が発生する特許権などと異なり、創作により発生する権利であるため、共同研究開発の成果物としての著作権の帰属は、共同研究開発に係る契約書を確認しないと把握できない。

65　特許権や商標権の譲渡は、移転登録が効力発生要件となっている（特許法98条1項1号、商標権35条）。出願中の権利の承継については、特許庁長官への届出が効力発生要件となっている（特許法34条4項、商標法13条2項）。

66　柴田堅太郎＝中田裕人『ストーリーで理解する　カーブアウトM&Aの法務』（中央経済社、2023年）126頁。

第15章　スタートアップ企業　147

そのため、事業譲渡の承継対象資産に他の事業者や大学等と共同で研究・開発したプロダクトが含まれる場合は、事前に共同研究開発に係る契約書を確認することにより、著作権の帰属主体を把握しておく必要がある。

6 拒否権に関する確認

ベンチャーファイナンスの実務では、出資する投資家と経営株主との間の株主間契約において、通常、重要な資産の処分や事業譲渡、会社分割等の組織再編行為が、リード投資家等の特定の株主の要承諾事項として定められている（いわゆる拒否権条項）。

株主間契約の拒否権条項は、原則として株主間契約の当事者間における債権的効力を有するにすぎず、当該合意に違反して決議を行ったとしても、当該決議の効力が否定されるものではない。そのため、事業譲渡について、拒否権が付与されている株主の承諾を得られないなかで、当該株主の承諾なく事業譲渡を行ったとしても、会社法が定める決議要件を充足している限り、当該事業譲渡は有効である。

もっとも、この場合も拒否権条項の違反にはなるところ、株主間契約において、契約違反を条件とする経営株主に対するプットオプション（買取請求権）が定められている場合がある。この場合、破産申立前に他の株主の承諾を得ることなく事業譲渡を行ってしまうと、経営株主個人に多額の金銭支払義務が発生してしまうこととなる。経営者の債務処理について法的倒産手続を行う場合にはあまり問題にならないが、経営者について法的倒産手続を予定していない場合には、債務者や経営株主による拒否権条項違反とならないよう、破産管財人による事業譲渡を活用すべきである。

また、株主間契約に拒否権条項を定めるだけでなく、リード投資家等に拒否権付種類株式（会社法108条1項8号）が発行されている場合もある。この場合、当該種類株式に係る種類株主総会の決議がなければ、当該事項に関する効力は生じない（同法323条本文）。このほか、定款において、重要な財産の処分が株主総会決議事項とされていたり、事業譲渡や会社分割等の組織再編行為について株主総会決議要件が加重されていたりする場合もある（同法

148 第3部 テーマ解説

309条 2 項)。株主総会の決議内容が定款に違反する場合、当該株主総会決議は有効であるものの取消事由を構成するうえ（同法831条 1 項 2 号）、取締役の業務執行が定款に違反するおそれがある場合、株主は差止請求権を行使することができるとされている（同法360条）。

　そのため、事業譲渡を検討するにあたっては、拒否権付種類株式が発行されていないかを確認するとともに、定款上、決議要件が加重されていないかという点も確認が必要である。種類株主総会決議が必要となるものの種類株主総会決議を得ることが困難である場合や、法令・定款において要求されている決議要件を充たすことが困難である場合には、破産管財人による事業譲渡を検討することとなる。

■監修者からのコメント

　再建型の私的整理や法的整理が可能な事案では、事業譲渡や会社分割を利用した事業再生が一般的ですが、手続選択として再建型が採り得ず、清算型、それも破産やむなしとなる中小企業・小規模事業者においても、事業譲渡等を利用した事業再生の可能性が残っています。「破産＝解体・清算」というイメージだけでは思い至らないのかもしれません。発想の転換も含め、本書を通じて具体的なイメージをもっていただけたら幸いです。

　その前提として、事業譲渡は、時系列的に見た場合、①平常時（平時）における事業譲渡、②私的整理（再生型・再建型）における事業譲渡、③民事再生・会社更生における事業譲渡、④私的整理（廃業型・清算型）における事業譲渡、⑤特別清算における事業譲渡、⑥破産申立前の事業譲渡、⑦破産における事業譲渡と、平常時から倒産時まで切れ目なく事業譲渡が行われる場面があるのです。まずは、破産申立前の事業譲渡は、何も特別な場面ではないことを認識する必要があると思います。

　そのうえで、「よい事業譲渡」は究極の「財産保全」だと考えています。どのタイミングで事業譲渡を実行するかは、事案ごとにさまざまな要素が絡み合いますが、事業再生をあきらめないスタンスが肝要です。

　「事業再生をあきらめない」というスタンスではあっても、現実的には事業の全部の再生は難しく、一部でも残せたらよし、という場合もあるでしょう。

　そして、なんとかスポンサーや承継者が見つかったとしても、優先弁済すべき公租公課が積み重なり、私的整理が可能なラインまで譲渡対価が見込めない場合、ここであきらめてしまうのではなく、手続選択としては、本書で取り上げた「破産手続併用型事業譲渡」が視野に入ってきます。そのなかでも事業譲渡を実行したうえでの破産申立ても、手続選択の際の合理的かつ現実的な選択肢となりますが、どうも破産申立前に事業譲渡が実行されていると、事後的には「何か怪しいのでは？」とみられがちです。この点、残念な

150　第3部　テーマ解説

がら、濫用的な事業譲渡（やそれに近い処理）が行われてきたことも事実でしょう。本書で呼びかけているのは、「よい事業譲渡」であり、破産申立前の事業譲渡であっても合理的な説明がつくよう行動しよう、ということです。

　また、破産管財人の立場から見た場合、すべてが怪しいと疑ってかかるスタンスではなく、破産申立前の事業譲渡が「よい事業譲渡」だった事案か、はたまた許容できない濫用的な事業譲渡だった事案か、その見極めが大切です。

　先ほど、「よい事業譲渡」は究極の「財産保全」だと指摘しましたが、実際の事業譲渡は財産の換価を伴いますので、当然のことながら、譲渡対価の適正性・相当性が確保されていることが重要となります。赤字続きだから譲渡対価はないという単純な話ではなく、また、清算価値が保障されていればそれで足りるというものでもありません。もちろん一義的に決まるものではなく幅のあるものですから、本書で対象としている破産事案における事業譲渡、特に事業譲渡後に破産申立てを行う場合、破産管財人による事後的なチェックを受ける際に、合理的な説明がつくよう、さらにいえば否認権行使の対象とならないよう配慮して行動することになります。その際、申立代理人としては「自らが破産管財人であったらどう考えるだろうか」と想像することは有益でしょう。

　また、破産管財人の立場から見た場合、破産申立前に事業譲渡が行われている事案では事後検証を行うことになりますが、「何か怪しいのではないか」と色眼鏡で疑ってかかるスタンスではなく、スポンサー選定、対価の相当性、衡平な分配、経済合理性、雇用の確保や地域経済への影響といった通常考慮する要素につき検討し（この場面だけ事後検証のハードルが高くなるわけではありません。）、「よい事業譲渡」や「普通の事業譲渡」から、幅・グラデーションがあるなか、「許容される事業譲渡」まではよしとし、許容できない濫用的な事業譲渡（やそれに近い処理）については、毅然とした対応が必要となります。

監修者からのコメント　151

ナノハナ衣料の事例は、第三者スポンサーに事業の一部譲渡を実行したうえで破産申立てに至るストーリーでした。

　第三者スポンサーの拠出額がいくらになるか、すなわち事業譲渡の対価が決まることが、その後の手続選択に大きく影響します。もちろん、相当な対価は幅のある話ですが、一般破産債権への配当が難しい事案であっても、対価の分配に目配りすることになります。この対価の分配に関連し、スポンサーに承継される取引先の買掛金債務は有機的一体の事業を構成する負債であって、これが100パーセント弁済を受ける結果となったとしても、破産会社に残る負債との間で偏頗弁済とはなりませんので、偏頗行為否認の問題とはならない点に注意が必要です。

　また、滞納公租公課が積み上がり、スポンサーの拠出可能見込額からは私的整理が難しい状況下であっても、事業の全部を破産で解体・清算してしまうのではなく、残せる可能性がある事業については、利害関係人との調整を図り、事業譲渡を行ったうえで破産申立てをするという手法も十分に選択肢のひとつとなります。その際は、裁判所への事前相談や破産管財人との協働、破産管財人の事後検証への協力の観点が大切です。

　破産申立前に事業譲渡をやり終え、破産管財人の事後検証を受ける事案の場合、裁判所に事前相談せずに破産申立てに至る場合もあれば、裁判所に事前相談し、破産管財人（候補者）との協働・連携を図る場合もあります。

　ツクシ建装の事例は、親族内承継で事業譲渡を実行したうえで破産申立てに至るストーリーでした。

　滞納公租公課が積み上がり、私的整理が難しい状況下で、事業規模もさほど大きくはないけれども、事業のうち一部でも残せないか、従業員の雇用を守れないか、という観点と、社長の子への事業承継や世代交代も図れないか、という観点の両面から、滞納公租公課が多額であるからと事業継続をあきらめてしまうのではなく、やむを得ない現実的な措置として、親族内承継としての一部事業譲渡を実行しています。破産申立てに至る前に親族内承継を図ると、疑念を抱かれかねないところですが、申立代理人としては、譲渡

152　第3部　テーマ解説

対価の適正性の確保等、後日の破産管財人による検証に向け、一連の行動につき合理的な説明がつくように対応することが肝要です。

また、破産管財人の立場から見た場合、親族内承継という点で第三者スポンサーより疑いのまなざしが強くなりがちではありますが、否認権行使の検討にあたっても、詐害行為否認の典型例である廉価譲渡に該当するのか、事後検証を行うことになります。

タンポポ製菓の事例は、担保提供している所有不動産がある場合の第三者スポンサーへの事業譲渡のストーリーでした。所有不動産があり金融機関債権者の根抵当権がある場合、事業譲渡のために別除権の受戻しが必須となることから、後日の破産が想定されていると、これを困難として事業譲渡をあきらめがちかもしれませんが、担保権者との交渉により可能となる場合もありますので、すぐにあきらめる必要はありません。

また、滞納公租公課が積み上がり、私的整理が難しい場合であっても、一足飛びに「破産手続併用型事業譲渡」に進むわけではなく、民事再生における事業譲渡（その後、再生債権に対する弁済が困難として牽連破産も）や、スポンサーが見つかっていない状態であっても民事再生を申し立て、民事再生のなかでスポンサー選定を行うラストチャンス型も選択肢としてありますので（ただ、事業譲渡後にやむなく牽連破産となる場合もあります。）、事案に応じて手続選択することになります。

「事業再生をあきらめない」というスタンスで、さまざまな選択肢があることを認識し、メリット・デメリットも十分検討したうえで、合理的な説明がつくよう行動しよう、ということです。

本書では、一貫して、債務者企業から相談を受けた弁護士（代理人）主導で、スポンサーへの事業譲渡と破産申立てを、いわば「ワンパッケージ」で行う手法を紹介しました。コロナ禍やウィズコロナ・アフターコロナの時代における中小企業の手続選択の場面において、このような選択肢も前向きに捉えることが可能であることを述べてきました。スポンサー選定や対価の相

当性については、あくまで幅のある話で、あとから振り返ってみた場合にも一義的に決まる話ではありませんが、事業譲渡を先行させた場合に、スポンサー選定や対価の相当性に疑念を抱かれないよう申立代理人としての活動と説明が重要であることもご認識いただけたと思います。そして、その場合に事後検証を行うことになる裁判所及び破産管財人の立場からも十分にご認識いただけたのではないでしょうか。

　また、本書が取り上げた手法とは別の観点で、破産申立後、保全管理人や破産管理人が主導して、スポンサー選定を行い、事業譲渡する場合もあります。この場合は、申立代理人としては、保全管理人や破産管財人に処理を委ねることになりますので、早期に破産申立てを行い、保全管理人や破産管財人がスポンサー選定に入れるよう、スムーズな引き継ぎ、説明に努めることになります。

第 **4** 部

座 談 会

1 執筆しての気づき

　野村　本書は、「事業再生と債権管理」173号（2021年7月5日号）から180号（2023年4月5日号）までの連載を再構成し、連載時に紙幅の都合で盛り込めなかった内容を大幅に加筆するかたちで執筆しました。「事業再生と債権管理」での連載は、コロナ禍での執筆となりましたが、振り返ってみてどうでしょうか。

　林　コロナ禍の影響で公租公課が積み上がり、私的整理や民事再生が困難になって、破産を選択せざるを得ないような状況でも、事業を残すことができることを広く知っていただきたいという思いで執筆を進めました。

　田口　破産事案における事業譲渡の活用について「事業再生と債権管理」での連載を企画したのは、ちょうどコロナ禍での特例融資や、コロナ禍の影響で納付が困難になった公租公課の猶予制度が広く利用されるようになった時期でした。特例融資や公租公課の猶予制度により当面の資金繰りはまわるとしても、猶予は永続的なものではないですし、猶予期間中も公租公課は発生し続けるため、今後、未払公租公課の納付ができないことにより倒産せざるを得ない会社は増えるだろうと予測していました。

　このような会社でも、事業を買い取りたいというスポンサーが見つかる事案はありますし、関係者が事業を承継するかたちで事業を継続したいといったニーズがある場合も珍しくありません。そのため、破産局面において事業譲渡の活用[67]を検討する事案は確実に増えるだろうなと思っていましたが、「事例に即して詳細に解説している文献ってあまりないよね？」という問題意識がありました。

　土井　本書では、具体的な事例を題材に、2名の弁護士が議論しながら事件処理を進めていきました。そのため、執筆に際しても、執筆者間で各自の事件処理のノウハウ（処理手順や交渉方法、失敗談等）を共有・議論すること

---

[67]　破産局面における事業譲渡について取り扱った近時の論考として、日本弁護士連合会倒産法制等検討委員会「中小企業の事業再生・廃業の手続選択と留意点（下）」金融法務事情2202号（2023年）15頁以下がある。

ができ、大変勉強になりました。

西村 私は、事業譲渡後に破産したような案件に破産管財人側で関与した経験が何度かあります。ただ、債務者代理人として事業譲渡を主導する側での経験は浅かったので、債務者代理人として何を考えて、どう行動していくか、改めて他の弁護士の話を聴くことで、肌感覚も含めて勉強することができました。

福田 私は、顧問先から、「破産の危機にある会社から（平常時と比較して安価に）事業を譲り受けることができないか」という相談を受けたことを思い出し、執筆に参加することを決めました。

執筆陣のなかでは、会社どうしのマッチングに弁護士がどのように関与できるかついて、弁護士が互いの信頼を前提にそれぞれの顧問先等をマッチングさせるようなシステムの構築は可能か、債務者代理人が個人的につながりのある会社を譲渡先候補として紹介することは可能か、など議論することができました。

林 執筆にあたり、さまざまな方からアドバイスやご示唆をいただきました。

破産管財人に事業譲渡を委ねる場面を検討した際、法解釈の部分で悩みがあり、そのことを、全国の有力な倒産処理弁護士が参加するメーリングリストで質問したところ、いろいろと教えていただき、ついにはわれわれにとって「神様」のような人からも直接ご意見をいただきました。この場を借りてアドバイスをいただいた先生方に御礼を申し上げます。

個人的には、新庄弁護士の「ダジャレ」を考えるのも面白かったですね（笑）。

河端 「事業再生と債権管理」での連載を進めるなかで、破産事案における事業譲渡の活用というテーマが連載以外の場でも話題にのぼることが多くなってきたという実感があります。本書が、この議論が深まるひとつの材料となっていればいいな、と思いますね。

野村 今回の執筆者は、弁護士登録10年以下（連載開始当初）の若手弁護士が中心でしたが、どうでしたか。

第4部 座談会 157

久米　私は56期なので、そろそろ弁護士登録から20年になりますが、若手の先生方との議論のなかで新たな発見をすることも多かったです。若手の先生方にも十分に経験豊富な先生もおられますし、執筆を通じた議論のなかで、私自身、新たな視点からの教示もいただき、感謝しています。

　林　本書は、執筆者それぞれが先輩等から教えていただいたことや、自身の経験した事例をベースに作成しています。適切なプロセスを踏めば、若手でも十分に対応できることを読者のみなさまにもお分かりいただけたのではないかと思います。

　「もう少し早く相談してくれれば……」、という経験は、倒産案件、とりわけ事業再生に携わる弁護士は、誰もが経験しているのではないでしょうか。「弁護士に相談に行けばそのまま破産させられる」というイメージを覆すことができれば、早期に弁護士に相談いただける事例も増え、結果として再生できる事業が増えるのではないかと考えています。

　吉原　私も執筆の過程で先生方からの経験を「生の声」としてお聞きすることができ、大変勉強になりました。

　コラムで取り上げていますが、事業譲渡と資産譲渡の分水嶺をどこに見いだすかという問題や、破産と事業譲渡を組み合わせるとしてそのクロージングをどのように行うか——申立前にクロージングまで行うのか、あるいは破産管財人がクロージングを行うのか——といった問題にも、引き続き関心をもっています。特に、事業譲渡と資産譲渡の分水嶺は、いざ当該譲渡の否認対象行為性が問題になったときに、詐害性をどのように検討するかという判断枠組みにも影響を与える気がしています。

　赤木　日頃、事件処理を行うなかで、いろいろな問題に悩んだり考えたりしながら対応していますが、文章にすることで、考え方を整理することができました。

　今回は破産局面での事業譲渡の活用というテーマでしたが、実務的にはたくさんの手法や手続選択があり得るところで、事業を残す、あるいはソフトランディングを目指すという観点で、破産局面に限定せずに、さまざまな選択肢を議論できる機会があればいいなと感じました。2023年3月に策定され

た「中小企業の事業再生等に関するガイドライン」（事業再生等ガイドライン）には廃業型の手続が設けられており、すでにたくさんの事例報告がありますので、今後廃業時の選択肢のひとつになるのではないかと期待しています。

福田　株主が分散していて、事業譲渡について株主総会決議を行うことが容易でないケースでは、手続・スケジュールを検討するうえで、事業譲渡か、株主総会決議が不要な資産譲渡なのかは重要なポイントになります。この点を正面から取り扱った論考があまりないように感じているので、今後、議論が深化されることを期待しています。

2　破産事案でも事業を残す余地はある

野村　監修者からのコメントにも記しましたが、私は「よい事業譲渡」は究極の「財産保全」だと考えています。破産局面における事業譲渡の活用について、執筆者のみなさんはどのように考えていますか。

久米　破産管財人として、資産を処分する際には、「もったいないな」と思うことが多いです。賃借物件の原状回復費用を検討する局面でも、「そのままこの物件を使えたらいいのに……」と思うことも少なくありません。

破産管財人として事業用資産を売却するときは、多くの場合、高値での売却にはなりません。事業を残さない場合にはゼロ、もしくは処分費用が必要でマイナスになってしまうような資産でも、事業を残すことでプラスに転じる可能性があります。

林　事業を残すことができれば、従業員の雇用や取引先との契約が維持され、結果、多くの関係者やその家族等の生活を守ることにもつながります。また、実際問題として、事業を構成する資産をバラ売りするよりも、有機的一体性を持つ「事業」として換価することで、より高額の換価を見込める可能性もあります。

そういった意味で、結果として破産を免れない事案であっても、何とかして事業を残せないかを積極的に検討することは重要と思います。もちろん、結果として事業を残せない事案——実際には、こちらの方が多いと思います

第4部　座談会　159

――もありますが、そのようなケースでも、できるだけ関係者に迷惑をかけないように、いかにソフトランディングさせるかという視点も重要ではないでしょうか。

田口 ここ数年、資金調達ができなかったことにより開発費の支払ができず、倒産を選択せざるを得なくなったスタートアップ企業からの相談を受けることが増えてきました。

スタートアップ企業というとエクイティーで資金調達しているイメージがありますが、外部借入れを併用している会社も多い印象です。目ぼしい資産がなく、開発途上ではあるものの一部サービス提供中のソフトウェアがあり、ソフトウェア開発を第三者が引き継ぐかたちで事業を継続させたいといったケースも多く、このような事案では単純な破産ではなく、適正なかたちで少しでも当該企業の有する事業や資産を売却できないか、という点を検討する姿勢が重要だと思います。

西村 相談を受けた弁護士として、事業を残せる可能性があると判断しても、経営者（創業者）が「この事業は一代限り」との考えを強くもっていて、それを望まれないことがありました。当事者の意思を尊重することも重要で、どこまで説得するか判断に迷うことがありますね。

林 再生案件にもいえることですが、やはり「事業を残したい」という代表者の意思が重要であることは、異論がないところだと思います。

赤木 破産手続との関係でも、事業譲渡は、単純な資産換価よりも高額の回収を見込める場合もありますし、賃借物件の明渡費用や給与等の優先債権の減少にもつながるので、メリットは大きいと思います。経営者には、取引先や従業員に迷惑をかけたくないという方も多いので、事業譲渡という方法でそれが実現できるのであれば、早期の決断を後押しすることにもつながり、本当に資金が尽きて廃業前提の破産を申し立てざるを得ない状況に陥ることを避けることもできるのではないかと思います。

そういう意味では、破産局面でも事業譲渡によって事業を残すという方法は、相談を受けた弁護士が提示する選択肢のひとつとして、もっていた方がよいのではないかと考えています。

160　第4部　座談会

3 破産局面における「よい」事業譲渡

野村 破産局面において事業譲渡を行うことに対しては、財産隠匿のおそれがあるなどマイナスイメージもあるようですが、どうでしょうか。

土井 正直、親族間での事業譲渡については、執筆以前は懐疑的な見方をもっており、避けた方がよいのではと考えていました。そのため、ツクシ建装のストーリーは目からウロコでしたし、学びも大きかったと感じています。このようなパターンでも事業譲渡の可能性があるということを肝に銘じたいです。

田口 破産手続開始申立前に親族等の関係者に事業譲渡することについて、裁判所や破産管財人から「けしからん」と思われてしまうのではないか、取引債務の承継が偏頗行為に当たるのではないか──といった漠然とした懸念による抵抗感をもっている弁護士も多いような気がします。

個人的には、関係者への事業譲渡であったとしても、対価が適正であり、申立前に行う理由を合理的に説明できるのであれば、まったく問題ないと思います。もちろん、債務者代理人が主観的に適正かつ合理的と思っているだけではダメで、裁判所や破産管財人の視点で見たときにどのように判断されるのかということを考えながら、事業譲渡の内容検討や資料の収集・準備を進めて行くことが重要ですね。

吉原 事業譲渡が後日、破産管財人によって否認されないようにするため、ひいてはそのような可能性を低減してスポンサーに安心して事業を引き受けてもらうためにも、事業譲渡対価の適正性や事案によっては譲渡先の選定過程の合理性を適切に説明できるようにしておくことは重要で、それこそが債務者代理人に求められる役割だろうと思います。

林 スポンサーが取引債務を引き継ぐことが債権者間の公平性を欠くのではないか、との意見が一部で見られます。

けれども、承継した事業を継続するために、スポンサーが一部の取引債務──例えば、当該事業を存続させるうえで取引を継続することが不可欠な取引先に対する債務について第三者弁済することは、事業を存続させるために

第4部 座談会 161

十分に合理的な行動といえます。スポンサー自らの判断によって実行されたこの第三者弁済は、破産財団、あるいは破産財団となるべき財産から特定の破産債権者になされた弁済ではありません。ですから、偏頗弁済でないのは当然として、これによって破産債権者間の公平は害されない、というのが理論的にも正しいのではないか、と考えます。

　むしろ、スポンサーの第三者弁済によって、取引関係が維持されることを前提として譲渡対価が算定されているとも考えられ、結果として破産債権者全体の利益になっているともいえます。法律上は同じ破産債権であるとしても、取引内容はそれぞれ異なるはずであり、例えば、譲渡対象事業にとって取引の代替性があるかどうかといった点などで立場は変わります。スポンサーが債務を引き継ぐかどうかの判断も当然に異なります。このように立場が異なる債権が異なる扱いを受けるのは、むしろ当然のことではないでしょうか。

　確かに、スポンサーからの第三者弁済を受けられなかった他の破産債権者からすれば、特定の破産債権者だけが引き継がれる状態は不公平だと感じるかもしれません。しかし、重要なのは、そのような立場の異なる他の債権者と比較することではなく、事業が譲渡されなかった場合と事業が譲渡された場合とを比較して、自己の回収額が増加したかどうかではないでしょうか。

久米　もちろん、役員貸付金などの特定の破産債権者に対して第三者弁済を行う必要があることを理由に、スポンサーからの事業譲渡代金が低額に抑えられ、結果として、事業譲渡をしなかった場合に比べて破産財団が減少する場合には問題があるといえます。

　他方で、事業譲渡代金の適正性が確保されている事案であれば、スポンサーによる第三者弁済は、基本的に問題ないといえるのではないでしょうか。

西村　私も同感です。不公平感があるにせよ、取引関係も含めた「事業譲渡」ですから、スポンサーが債務の承継を必要と認めたのであれば、特段の事情がない限り、これを否定する必要はないと思います。

赤木　私的整理や民事再生においても、手続のなかで事業譲渡が行われる

こと自体が問題になることはないと思います。破産局面でも、事業譲渡に至るプロセスの適正性や対価の相当性等に留意し、その説明を適切に行うことができれば、殊更に事業譲渡を否定すべきではないと思います。

ただ、私的整理や民事再生と異なり、破産局面での事業譲渡は密行的に進められることも多いので、譲渡実行時に説明が十分にできていないケースもあります。そのことが、マイナスイメージにつながっているのかもしれません。

債務者代理人として十分に説明を尽くし、破産管財人がその検証を行っていくことで、透明性も確保できるのではないかと思います。

冨田　そうですね。債務者代理人が、破産管財人に対して事業譲渡に至るまでのプロセスや対価の相当性について適切に説明し、事後検証してもらえるように引き継ぐ姿勢をもちつつ進めていけば、破産局面における事業譲渡は選択肢のひとつになると考えます。

4　早期相談の重要性

野村　ナノハナ衣料のケースでは、相談時に資金ショートまで半年の猶予があったことも事業譲渡の成功の一因でしたね。

土井　事業譲渡に際しては、スポンサー選定・交渉に時間を要する場合がありますし、許認可関係の対応など事業譲渡の実行自体に時間を要する場合もあります。また、時間（資金繰り）に余裕があれば、破産手続ではなく、再生手続を選択する余地も出てきます。ですので、早期に相談いただくことは非常に重要だと思います。

吉原　初期症状が現れたばかりのタイミングで病院に行けば、のちの大病を予防できるかもしれないのと似ていて、とにかく相談だけでも早くしてもらえると、それだけ事業存続の可能性が広がりますね。

田口　滞納処分を受ける可能性が低い事案で、かつ、不動産を所有しているなど、換価対象資産がそれなりにある事案では、事業再生等ガイドラインに基づく再生型私的整理又は廃業型私的整理の手続に乗せ、一時停止を受けてできる限りキャッシュの流出を抑えつつ、取引債権者を巻き込むことなく

ソフトランディングを目指す——あわよくば事業の一部を承継してくれる会社を探すという方法も、今後は有力な選択肢のひとつになってくるのかなと思っています。

このような手法を採れば、透明性を確保したかたちで事業譲渡による換価を模索することができますし、経営者保証ガイドラインによる代表者の保証債務の一体的処理もやりやすいように思います。

久米 かつて、資金ショート直前にある製造業の破産手続開始申立てを債務者代理人側で受任した事案で、Xデーに従業員を即時解雇して、申立準備に入ったところ、取引先から「従業員の解雇前であれば工場を引き継ぎたかったのに……」との申出を受けたことがありました。

もっと早く相談していただいていれば、事業譲渡も可能だったのではないかと思います。

福田 ギリギリの状態になってから「このスポンサーにお願いするしかない」と相談に来られる案件もありますが、このような場合、採り得る手段も選択肢も限られてしまいます。それでも債務者代理人としては、対価の相当性等について合理的な説明を行うために尽力すべきですが、やはり、十分な準備を行うという観点からも早期に相談いただきたいですね。

林 先ほども申し上げましたが、「弁護士に相談に行けば破産させられる」というイメージを取り払うことが重要で、そういう意味では、事業再生に対する意識を弁護士業界全体で高めることが必要ではないかと思います。

多くの弁護士が、「破産であっても事業を残せる可能性がある」ということだけでも頭の片隅においてさえいれば、実際にそのような相談があった際に、事業存続の途を模索してみようという選択肢が出てきます。自分自身に経験がなくとも、経験のある弁護士に相談することもできますから、そうした選択肢があることによって事案処理の顛末は大きく変わってくると思います。

福田 そうですね。弁護士として、その選択肢を思い浮かべることができれば、あとは経験のある弁護士と共同受任して、学ぶこともできると思います。

河端 「事業再生に関する弁護士の意識」に関してですが、弁護士も日頃から中小企業の顧客に対して経営や業績に興味関心を示すことが大切ではないかと思います。中小企業の日頃の経営に関する相談相手は、顧問税理士やメインバンクが多く、弁護士は少ないようです。

待つだけではなく、弁護士側からも企業に対して早期に関与していこうとする姿勢も必要ではないかと感じました。また、税理士や中小企業診断士など、中小企業と接する機会の多い他士業との連携・協力も重要だと感じています。

5　債務者代理人に求められる姿勢

野村 債務者代理人において事業譲渡を主導する場合、どのような点に留意すべきでしょうか。

土井 当然のことながら、破産手続開始決定後に、事業譲渡の必要性・相当性について、裁判所や破産管財人から問題視されることのないよう適切に事業譲渡を行う必要があります。そのためには財団債権と破産債権の区別、否認権制度などの破産手続に関する知識をきちんと習得しておくことはもちろん、別除権の処理や未払賃金立替払制度の活用など、仮に事業譲渡を行わないまま破産手続が開始した際に破産管財人がどのような対応を行うことになるのか、といった観点からの検討が重要になってくると感じます。

田口 ツクシ建装と似たような規模感の事案で、事業の承継を希望する親族への事業譲渡を破産手続開始申立前に行ったことがありますが、対価の適正性や親族以外への譲渡が困難であったこと、滞納処分を受ける差し迫った危険があったため早期に事業譲渡を行う必要があったことなどを申立時に丁寧に説明したところ、裁判所からも破産管財人からも、申立前の事業譲渡について特段問題視されることはありませんでした。

私のような地方の弁護士は、債務超過にある小規模な会社の事業承継事案に接する機会が多くあります。過剰債務が足かせとなって事業承継が進まないという会社については、事業再生等ガイドラインに基づく私的整理手続や、破産手続と事業譲渡を組み合わせることは有力な選択肢だと思います

ね。事業承継事案では、承継後の会社においても金融機関とよい連携関係を保ったまま事業を継続させる必要があるため、メインバンクを巻き込んで透明性をもったかたちで進めることも有用だと思います。もっとも、「言うは易く行うは難し」で、そう簡単には行かないことも多く、顔には出ないよう努めていますが、毎回不安のなかで悩みながら進めています。

とはいえ、何事も一歩踏み出してチャレンジしてみることが重要だと自分にいい聞かせつつ、時には本書の執筆メンバーにも相談したりしながら、日々、目の前の案件にあたっています。

林　事業を残すという意味では、破産局面における事業譲渡は、スポンサー型の私的整理や民事再生などの再建型手続と共通する点があると思います。ですので、これらの手続に関する知識や経験も有用であると思います。幸い、最近は書籍や、例えば日弁連のeラーニングのような研修等も充実しており、勉強しようと思えば一定の知識は得られる環境にあります。

冨田　時間的制約があるなかで、相当性を担保しながら事業譲渡を実現していくためには、何が最善手なのかを即時即断していく必要があります。そういった意味でも、日頃のトレーニングがとても大切ですし、関与するあらゆる案件において、何か採り得る手段はないかと、その案件中も、案件が終わってからも、頭に汗をかき続けながら自分事として考え続けることが、即時即断するための知見をたくわえる意味でも大切に感じます。

野村　「破産だけ」とか「申立業務だけ」とか特定の分野に偏ることなく、さまざまな立場から倒産案件に関与することが重要ですね。

執筆会議では、譲渡対価の決め方について、たくさんの議論を重ねられていたようですが、この点はどうでしょうか。

西村　申立段階で、譲渡対価の算定に向けてデューディリジェンスをどこまで精緻に行うかは、さまざまだと思います。特に、ツクシ建装のストーリーのように、事業規模が小さい場合には、公認会計士による事業価値評価を行う費用すら捻出できないことが多く、ざっくりとした試算しか準備できないこともあります。

また、事業譲渡と資産譲渡の分水嶺をどう考えるかの検討・説明も場合に

166　第4部　座談会

よって必要だろうと思います。私的整理が頓挫したという破産案件で、申立前に事業譲渡らしきことが行われていた会社の破産管財人になったことがあります。破産管財人としては、事業譲渡として評価するべきではないかとも考えましたが、譲受会社は「資産（在庫のみ）譲渡だ」との姿勢を崩さず、どう処理するか悩んだこともありました。

　吉原　現時点では、基本的な問題でありながら、事業譲渡と資産譲渡の分水嶺、さらには、その議論が譲渡対価の算定方法や適正性の判断にどのような影響を与えるのか、十分な議論の蓄積があるとはいえない感があります。実務的な検討が蓄積されていけば、相乗効果的に、申立前の事業譲渡の検討も精緻化されていくように思います。もちろん、ケースバイケースという面はあると思いますが。

　久米　譲渡対価や譲渡方法が適正であることが大前提ですが、債務者代理人には「残せる事業は正当な評価をして残す」という積極的な姿勢が重要だと思います。

　野村　債務者代理人において留意すべき点には、ほかにどのようなものがありますか。

　西村　許認可の承継等が必要になる事案では、そもそも承継できるのか、新たに取得する必要があるのか、それにはどのような手続が必要で、どの程度の時間がかかるのかについて、事前の調査が重要になります。

　吉原　少し規模が大きくなって、会社分割を検討するような事案も視野に入れると、事業譲渡か会社分割か次第で、許認可の承継の可否や承継の前後に求められる手続が変わることもありますから、案件を通じて、許認可対応についてもノウハウや知識を整理しておくとよいかもしれません。

　冨田　また、許認可の内容や地域によっては特殊な運用が行われているものもありますので、その承継にあたっては、行政書士、司法書士、税理士、公認会計士、コンサルタントなど、他の専門家との連携も意識しておくことが大切だと思いますね。

　河端　債務者代理人において事業譲渡を行うことが困難である場合でも、事業価値が損なわれていなければ、破産手続開始申立後に、保全管理人や破

産管財人が事業譲渡を実行できる可能性もあります。そのような事例では、早期に申立てがなされたことにより、手続に入った時点で事業の毀損が軽く譲渡の可能性が残っていたということがポイントとしてあげられていますので、できる限り早期の申立てを心がけることは大事だと思います。

　赤木　債務者代理人として、破産手続において事業譲渡の必要性、相当性を十分に説明するというのはもちろん重要だと思いますが、のちの破産手続を見据えて円滑に事業を承継させるということも重要ではないかと思います。

　事業譲渡に際して、取引先や利害関係者にどのタイミングで、どのような方法で告知・交渉をするかといった点など、円滑に事業を承継させるために悩むことも少なくないと思います。細かな事務的なやりとりから、地域の実情や人間関係に起因するものまで、法律の知識だけではなく、事業の内容や会社のおかれている状況、利害関係者などにも気を配ってうまく事業を承継させることも必要ではないかと思います。

6　破産管財人の立場から

　野村　破産管財人の立場から見た破産局面における事業譲渡はどうでしょうか。

　林　破産管財人は、債務者代理人が行った事業譲渡が適切であったか否かを事後的に検証することになりますが、債務者のおかれた当時の状況に照らした検証が重要だと思います。

　例えば、スポンサーの努力によって譲渡後の業績が改善したことを考慮せずに、あとから「対価が低かったのではないか」と否認権を行使しようとするような姿勢には疑問があります。譲渡対価の適正性を検討するに際しては、あくまで「債務者のもとで事業を継続した場合に想定される債務者の経済状況」と「事業譲渡実行後の債務者の経済状況」とを比較すべきではないでしょうか。

　スポンサーが事業再生のための経営努力をすればするほど否認リスクが高まるとすると、スポンサーのリスクで投資をしているのと同じことであり、

率直におかしいと思うためです。このような帰結を認めてしまえば、スポンサーは、破産の危機にある会社から事業を引き継ぐことに二の足を踏み、再生できる事業も再生できなくなります。

吉原 このままだと廃業してしまう事業を何とか存続させようとしてなされる事業譲渡に対して、否認権に関する解釈論が萎縮効果（chilling effect）を与えてしまう結論には、私も反対です。

理論的に難しい問題もあると思いますが、実務一般に与える影響も十分に勘案した解釈論が展開され、実務にも定着することを願います。

土井 債務者代理人は限られた時間のなかで対応する必要があります。広くスポンサーを募ったり、評価資料を揃えたり、時間をかけて丁寧な契約交渉を行うに越したことはありませんが、資金繰りが逼迫している事案などでは必ずしも十分な時間を取ることができません。

もちろん、時間がないからといって杜撰な事業譲渡を行うことはあってはなりませんが、事後的な検証を行う際には、債務者が当時おかれていた状況に照らして必要十分な対応を行ったか否か、という視点も、破産管財人にはもっていただきたいです。

久米 裁判所や破産管財人候補者との事前相談も重要ですね。破産管財人候補者としても、事前相談の段階で債務者代理人と裁判所と打ち合わせすることで、事案の把握と方針を決めることができます。事前相談を通じて、債務者代理人・裁判所と共通認識をもつことが必要だと思います。

7　将来への希望・展望

野村 最後に、今後の展望について教えてください。

土井 日本では、「破産」という言葉に対するマイナスのイメージが事業の再生・再建を阻んでいると常々感じます。確かに破産はひとつの区切りではありますが、同時に経済的再生に向けた新たなスタートであること、破産する場合であっても事業を残す余地があることを、個々の事案の処理を通じて、多くの人に伝えていければと思います。

久米 事業を残すことは、社会的にも意義がありますし、債務者の財産を

効率的かつ最大限に換価し、破産債権者にとっても利益となる可能性がある手法ですので、債務者代理人には、破産事案であっても事業を残すことにも、積極的にトライしてほしいと思います。裁判所や破産管財人の先生方にも、破産局面における「よい」事業譲渡ついての理解がもっと深まればいいですね。

　林　過去に自分が関与した事案について、譲渡先で事業が無事に継続している様子を見聞きすることがあります。また、元代表者や元従業員の方からご連絡をいただくこともありますし、再生した先と、その後も関係が継続することもあるかと思います。

　事業を残すということは大変な作業ではありますが、社会的意義は大きく、やりがいもありますので、多くの弁護士に積極的に挑戦してもらいたいと思います。

　赤木　事業再生等ガイドラインの策定など、事業再生や廃業の手続も多様化しており、新たな選択肢が増えつつあると思います。破産局面での事業譲渡というのは、従前から採り得る手続のひとつですが、批判的に見られることも少なくなく、避けている方もいるのではないかと思います。

　ただ、適切な事例が積み重ねられることによって、マイナスイメージを払拭できることにもつながると思いますので、ぜひ選択肢のひとつとしていただき、その際、本書を少しでも参考にしていただけますと幸いです。

　野村　話は尽きませんが、このあたりで座談会を終えたいと思います。本日はありがとうございました。

第 **5** 部

参考書式

参考書式一覧

1	資金繰り表（日繰り表）	174頁
2	資金繰り表（月次）	176頁
3	清算貸借対照表	177頁
4	入札要綱	178頁
5	秘密保持契約書	182頁
6	意向表明書	186頁
7	事業譲渡契約書	188頁
8	株主総会議事録	195頁
9	同意書	197頁
10	取引先挨拶状	198頁
11	従業員向け説明文書	199頁
12	担保解除依頼書	205頁
13	裁判所事前相談メモ	206頁
14	事業譲渡に関する報告書	209頁

　各書式には、必要に応じて【One Pointアドバイス】を設けています。実際に利用される際の参考にしてください。

【書式１】資金繰り表（日繰り表）

日　繰　表 ＿＿＿月

	収入									現金仕入	買掛金支払
	現金売上	売掛金の現金回収	受取手形の期日入金	借入金増加	手形割引	資産売却	その他入金	収入合計		現金仕入	買掛金支払
1日											
2日											
3日											
4日											
5日											
6日											
7日											
8日											
9日											
10日											
11日											
12日											
13日											
14日											
15日											
16日											
17日											
18日											
19日											
20日											
21日											
22日											
23日											
24日											
25日											
26日											
27日											
28日											
29日											
30日											
31日											
合計											

【One Pointアドバイス】

まとめることで内容の理解が困難になる場合には、摘要欄を設けて補います。また、発生する可能性が低い項目は不要であれば削除します。

(単位：千円)

支出							資金残高	摘要
給料手当・退職金	支払家賃	その他経費	税金・社会保険	リース料	その他支出	支出合計		

第5部　参考書式　175

【書式2】 資金繰り表（月次）

資金繰り表

（単位：千円）

	20**/3	20**/4	20**/5	20**/6	20**/7	20**/8	合計
前月繰越金							
収入							
現金							
売掛金回収							
手形期日取立							
その他							
収入計							
支出							
現金仕入							
買掛金支払							
手形支払い							
役員報酬							
人件費							
リース料							
賃料							
公租公課							
その他費用							
支出計							
経常収支							
財務収入							
借入金							
手形割引							
資産処分							
その他							
財務収入計							
財務支出							
借入金返済（元本）							
借入金返済（利息）							
その他							
財務支出計							
財務収支							
総合収支							
翌月繰越金	●●	●●	●●	●●	●●	●●	●●

176　第5部　参考書式

【書式３】清算貸借対照表

清算貸借対照表

(単位：千円)

科　　目	簿価	清算価値	備考	科　　目	簿価	清算価値	備考
【資産の部】				【負債の部】			
流動資産				財団債権			
現預金				買掛金			
受取手形				未払金			
売掛金				未払法人税等			
棚卸資産				未払消費税等			
前払費用				前受金			
未収入金				預り金			
仮払金				別除権予定額			
固定資産				買掛金			
有形固定資産				未払金			
建物				借入金			
構築物				リース債務			
車輌・運搬具				破産債権等			
工具・器具・備品				優先的破産債権			
土地				一般破産債権			
リース資産				劣後的破産債権			
無形固定資産				負債合計			
電話加入権				【純資産の部】			
ソフトウェア				資本金			
投資等その他資産				資本積立金			
出資金				別途積立金			
保証金				繰越利益剰余金			
長期前払い費用				純資産合計			
資産合計				負債及び純資産合計			

【One Pointアドバイス】

通常の貸借対照表の場合、貸方に負債と純資産を記載しますが、清算貸借対照表の場合、貸方に財団債権、別除権予定額、破産債権等を考慮して記載します。また、評価額は清算価値で計算します。適宜備考欄に評価根拠を記載します。

【書式４】入札要綱

令和＊＊年＊＊月＊＊日

スポンサー候補者各位

＊＊県＊＊市＊＊町＊丁目＊番＊号
＊＊＊＊株式会社
代表取締役　　＊＊＊＊

【連絡先】
〒＊＊＊－＊＊＊＊
＊＊県＊＊市＊＊区＊＊町＊丁目＊番＊号＊＊ビル＊階
＊＊法律事務所
ＴＥＬ：＊＊＊－＊＊＊－＊＊＊＊
ＦＡＸ：＊＊＊－＊＊＊－＊＊＊＊
担当：弁護士　　＊＊＊＊

＊＊＊＊株式会社
スポンサー候補選定のための入札実施要領

拝啓　時下ますますご清栄のこととお慶び申し上げます。

　さて、この度は、＊＊＊＊株式会社（以下「対象会社」といいます。）へのスポンサーとしての支援についてご関心をお示しいただき、誠にありがとうございます。

　つきましては、入札実施要領等について別紙のとおりご案内させていただきますので、何卒よろしくお願い申し上げます。なお、ご不明な点等がございましたら、入札事務手続の窓口（弁護士＊＊＊＊）までご連絡いただきますよう、併せてお願い申し上げます。

敬具

（別紙）

1　対象会社／事業の概要

　　会　社　名　　＊＊＊＊株式会社

　　事業内容　　　＊＊＊事業、＊＊＊事業等

　　所　在　地　　＊＊県＊＊市＊＊町＊丁目＊番＊号

2　入札スケジュールと選考手続の進行手順の概要

　⑴　入札資料の交付

　　　本入札手続にご関心のある法人様（反社会的勢力は除きます。）のうち、秘密保持

　　に関する誓約書をご提出いただいた方に対し、入札資料を交付させていただきます。

　　なお、対象会社の役員及び従業員（旧役員及び従業員を含みます。）、取引先、賃貸

　　人、その他の関係者への直接の接触は固くお断りします。

　⑵　意向表明書の提出

　　　後記＊記載の要領に従った意向表明書を、令和＊年＊月＊日までに、上記の【連絡

　　先】まで封書にてご提出くださいますようお願いいたします。

　⑶　意向表明書に基づく選考

　　　ご提出いただきました意向表明書を検討のうえ、令和＊年＊月＊日を目途に、対象

　　会社において適切と判断するスポンサー候補先を選考してご通知申し上げます。な

　　お、自らの選考結果以外に、入札により選定されたスポンサー候補先の名称及び数そ

　　の他入札の結果並びに内容については、一切開示いたしませんので、予めご了承くだ

　　さい。

　⑷　デューデリジェンスの実施

　　　令和＊年＊月＊日以降、デューデリジェンス及びヒアリング実施の機会を設けさせ

　　ていただきます。

　⑸　事業譲渡契約の締結及びクロージング

　　　対象会社により、スポンサー候補として最終選定された方は、対象会社との間で、

　　別途、事業譲渡契約を締結させていただければと存じますが、現時点では、令和＊年

　　＊月＊日頃の契約締結を予定しております

以　上

様式

　　　　　　　　　　　　　　　　　　　　　　　　令和　　年　　月　　日

＊＊＊＊株式会社　御中

　　　　　　　　　　　　　　　　意向表明書

　　　　　　　　（申込人）住　所：＿＿＿＿＿＿＿＿＿＿＿＿＿＿＿＿＿

　　　　　　　　　　　　　氏　名：＿＿＿＿＿＿＿＿＿＿＿＿＿＿＿＿＿

　　　　　　　　　　　　　担当者：＿＿＿＿＿＿＿＿＿＿

　　　　　　　　　　　　　ＴＥＬ：＿＿＿＿＿＿＿＿＿＿

　　　　　　　　　　　　　ＦＡＸ：＿＿＿＿＿＿＿＿＿＿

　当社は、＊年＊月付け『＊＊＊＊株式会社／スポンサー候補選定のための入札実施要領』記載の内容を全て承認のうえ、これに従って下記のとおり意向表明をします。

　　　　　　　　　　　　　　　　　記

　1．スポンサー候補の氏名　　　　　　　　　＊＊

　2．支援スキーム

　3．支援金額の総額（消費税別）　　　　　　＊＊円

　4．承継事業及び資産・負債の内容　　　　　・・・・・・

　5．支援後の経営・事業方針等　　　　　　　・・・・・・

　6．従業員等の雇用と処遇　　　　　　　　　・・・・・・

　7．スポンサー就任に必要な社内手続、期間について

　8．資金調達について　　　　　　　　　　　・・・・・・

　9．その他特記事項

　　　　　　　　　　　　　　　添付書類

(1)　必須添付書類

　①　入札者の商業登記簿謄本（発行後3か月以内）

　②　入札者の印鑑登録証明書（発行後3か月以内）

(2)　任意添付書類

　①　会社概要等、会社の具体的な事業内容がわかる資料

　②　財務内容に関する資料（決算書、法人税確定申告書、資金調達能力を示す資料等）

　③　投資実績がわかる資料

【One Pointアドバイス】

スポンサー探索にどれだけ時間をかけられるかは、譲渡会社（債務者）の資金繰りに大きく左右されます。破産手続申立前に事業譲渡を行うことを検討する局面では、債務者の資金繰りが悪化し、スポンサー探索に十分な時間をかけることができないことも多々あります。入札手続を実施するか否か、実施するとしても入札手続や入札要綱をどの程度の内容とするかも、個別具体的な事案ごとにさまざまですが、大きな視点としては、どれだけスポンサー探索に時間を費やすことができるか、それにより候補者が現れるのか、という観点からスケジュールを検討し、そのスケジュールとのバランスを考慮しながら検討することが肝要で、あらゆる事案において定型的に入札要綱を作成したり、入札手続を実施したりする必要はありません。

【書式5】 秘密保持契約書

秘密保持契約書

　　　　　　（以下「甲」という。）と　　　　　　（以下「乙」という。）は、甲の乙に対する＊＊事業の譲渡等の検討を目的（以下「本目的」という。）として、相互に開示する秘密情報の取扱いに関し、次のとおり秘密保持契約（以下「本契約」という。）を締結する。

第1条（秘密情報）

　　本契約において、「秘密情報」とは、文書、口頭、電磁的記録媒体その他有形無形を問わず、本目的のために、甲及び乙のうち情報を開示する側（以下「情報開示者」という。）から甲及び乙のうちその開示された情報を受領する側（以下「情報受領者」という。）に対して開示された一切の情報をいう。ただし、次のいずれかに該当するものは、秘密情報から除外されるものとする。

(1)　情報開示者から開示を受けた時点において情報受領者が既に保有していた情報

(2)　情報開示者から開示を受けた時点において、既に公知であった情報

(3)　情報開示者から開示を受けた後に情報受領者の責めに帰すべき事由によらないで公知となった情報

(4)　情報受領者が情報開示者から開示された情報に拠ることなく独自に開発した情報

第2条（秘密保持）

1　情報受領者は、秘密情報について厳に秘密を保持するものとし、第三者に対し、秘密情報を一切開示または漏洩してはならないものとする。ただし、次のいずれかに該当する場合を除くものとする。

(1)　本目的に関連して秘密情報を必要とする情報受領者の役員、従業員（但し、情報受領者の役職員への開示については必要最低限の範囲に限定するものとする。）、情報受領者の依頼する弁護士、公認会計士、税理士、フィナンシャルアドバイザー等の本契約と同等又はそれ以上の秘密保持義務又は守秘義務を負う外部専門家に対し、本目的のために合理的に必要な範囲で開示する場合

(2)　情報開示者が事前に書面により秘密情報の開示を承諾した場合

(3) 法令又は裁判所、政府機関、金融商品取引所その他情報受領者に対して権限を有する機関の裁判、命令、規則等により秘密情報の開示を要求され、合理的に必要な範囲で開示する場合

2 前項第1号の規定に基づいて情報受領者から秘密情報を受領した者が、本契約に違反する態様で秘密情報を開示又は漏洩したときは、情報受領者は、情報開示者に対して直接責任を負うものとする。

3 第1項第3号の規定に基づき、情報受領者が秘密情報を開示する場合、情報受領者は、情報開示者に対し、情報開示後速やかにその旨を通知するものとする。

第3条（目的外使用の禁止）

情報受領者は、秘密情報を本目的以外の目的で使用してはならない。

第4条（秘密情報の管理）

情報受領者は、善良な管理者の注意をもって、秘密情報を管理しなければならない。

第5条（複製の禁止）

1 情報受領者は、情報開示者の書面による事前の承諾を得ることなく、秘密情報を複製（文書、電磁的記録媒体、その他一切の媒体へ記録を含む。）してはならないものとする。

2 前項の規定に基づき、情報受領者が情報開示者の書面による事前の承諾を得て、秘密情報を複製した場合、複製した情報も秘密情報に含まれるものとする。

第6条（秘密情報の返還・破棄）

1 情報受領者は、本契約が終了したとき、又は情報開示者が要求したときは、情報開示者の指示に従い、保有する秘密情報を情報開示者に返還又は破棄するものとする。

2 前項の規定に基づき、情報受領者が、秘密情報を返還又は破棄した場合において、情報開示者からの請求があったときは、情報受領者は情報開示者に対し、秘密情報を返還又は破棄したことを証する書面を速やかに提出するものとする。

第7条（損害賠償）

情報受領者が、本契約上の義務に違反したことにより、情報開示者に損害が生じた場

第5部 参考書式 183

合、情報受領者は、情報開示者に生じた損害（合理的な範囲の弁護士費用を含むが必ずしもこれに限られない。）の賠償をしなければならない。

第8条（差止め）

　情報開示者は、情報受領者が本契約に違反し、又は違反するおそれがある場合には、その差止めを求めることができる。

第9条（有効期間）

　本契約の有効期間は＊年間とする。ただし、期間満了の＊か月前までに甲又は乙のいずれからも相手方に対する書面の通知がなければ、本契約は同条件でさらに＊か月継続するものとし、以後も同様とする。

第10条（専属的合意管轄）

　本契約に関連する一切の紛争に関しては、＊＊地方裁判所を第一審の専属的合意管轄裁判所とする。

第11条（協議）

　本契約に定めのない事項又は本契約に関して疑義が生じた事項について、甲及び乙は、協議の上、円満な解決を図るものとする。

　本契約の成立を証するため、本書2通を作成し、甲乙記名捺印の上、各1通を保有するものとする。

令和　　年　　月　　日

　　　　　　　　甲

　　　　　　　　乙

【One Pointアドバイス】

信用不安が拡大し、事業価値が毀損されないように、詳しい情報を開示する前にスポンサー候補者との間で秘密保持契約書を締結し、情報管理の徹底を図るのが望ましいでしょう。なお、同様の内容を誓約書の形式で差し入れてもらう方法でも差し支えありません。

【書式6】意向表明書

令和　年　月　日

＊＊株式会社

代表取締役　＊＊　殿

所在地

社名

代表取締役　　　㊞

意向表明書

　当社は、貴社のスポンサー支援に関する意向を下記のとおり表明します。

記

1　スポンサー支援の主体

　　名　　　　称：＊＊株式会社（以下「当社」といいます。）

　　本店所在地：・・・・・・

2　支援スキーム

　　当社を譲受会社、貴社を譲渡会社とする事業譲渡により、貴社の事業及び資産・負債［の全部または一部］を譲り受けます。当社は、貴社に対し、事業譲渡における譲渡対価を支払います。

3　支援金額

　　譲渡対価は、合計金＊円を予定しております。なお、・・・・・・

4　承継事業及び資産・負債の内容

　①　承継事業

　　　本日現在、貴社が営んでいる＊＊事業（但し、＊＊は除きます。）

　②　承継対象資産

　　　貴社の承継事業に関する一切の資産。但し、リース資産については、リース会社の承諾を得られることを条件に承継します（詳細は別紙のとおりです。）。

③　承継対象負債

　　貴社の承継事業に関する一切の負債。但し、公租公課、割引手形債務、金融債務（長期借入金、短期借入金）は除きます。また、リース債務については、リース会社の承諾を得られることを条件に承継します。詳細は別紙のとおりです。

5　事業承継後の経営方針

①　事業承継後の対象会社事業運営に関する経営方針

　　事業承継後も・・・・・・

②　従業員の雇用と処遇についての方針

　　貴社の従業員は・・・・・・

③　貴社代表者の処遇についての方針

　　貴社の代表者・・・・・・

6　資金の調達方法、調達時期について

　　自己資金及び取引金融機関からの借入れに基づき調達する予定です。

7　スポンサー就任に必要な社内手続、期間について

　　スポンサー就任には、当社取締役会決議、取引金融機関の融資承認が必要です。

　　当社取締役会は　　　月、取引金融機関の融資承認は　　　月の予定です。

8　その他―付帯条件

　　・・・・・・

以上

【One Pointアドバイス】

あらかじめ、スポンサー候補者から「意向表明書」を取得することで、譲渡対象を含め、事業譲渡の内容についての理解の齟齬をなくすとともに、各承継資産等を承継する準備を円滑に進めることができる場合があり、事業譲渡の検討過程を示す重要な資料として後日、破産管財人に引き継ぐことも可能です。そのため、事業譲渡契約の締結に先立って、「意向表明書」の取得を検討するのが望ましいでしょう。

第5部　参考書式　187

【書式7】事業譲渡契約書

事業譲渡契約書

【甲】株式会社（以下「譲渡人」という。）と【乙】株式会社（以下「譲受人」という。）は、譲渡人が運営する一切の事業を譲受人に譲渡するにあたり、以下のとおり事業譲渡契約（以下「本契約」という。）を締結する。

第1条（本件事業譲渡）

　　譲渡人は、本契約の定めるところに従い、第7条で規定する譲渡実行日時において、譲渡人の下記の事業（以下「本件事業」という。）を譲受人に対して譲渡し、譲受人は、本件事業の譲受けと引換えに、その対価として第3条で規定する事業譲渡代金（以下「本件事業譲渡代金」という。）を支払う（以下、本契約に基づく本件事業の譲渡を「本件事業譲渡」という。）。

記

　　①　・・・・・・事業
　　②　・・・・・・事業
　　③　①、②に付帯関連する一切の事業

第2条（譲渡対象資産等）

　　本契約に基づき譲渡される資産及び権利（以下「譲渡対象資産」という。）、並びに承継対象とされる契約上の地位（以下「譲渡対象契約」という。）は、第7条で規定される譲渡実行日時において、譲渡人が所有し又は譲渡する権利を有する下記の資産等及び契約上の地位とする。但し、次項に規定する譲渡対象外資産は含まれない。

記

【譲渡対象資産】
　　①　・・・・・・
　　②　・・・・・・
　　③　・・・・・・
　　④　・・・・・・

⑤　①ないし④のほか譲渡人及び譲受人が協議の上決定する資産

【譲渡対象契約】

①　本件事業を遂行するにあたり必要な契約

②　①のほか譲渡人及び譲受人が協議の上決定する契約

2　本契約において譲渡されない資産及び権利（本契約において「譲渡対象外資産」という。）は、第7条の譲渡実行日時において譲渡人が所有し保有する下記の資産等（譲渡実行日時までの原因に基づき譲渡実行日時以降に発生する資産等を含む。）をいう。

記

⑴　現金及び預金、・・・・・・

⑵　・・・・・・

⑶　⑴及び⑵のほか譲渡人及び譲受人が協議の上譲渡対象資産から除外した資産等

3　本契約に特段の定めがない限り、譲渡人は、別段の意思表示をすることなく、本件事業譲渡代金の受領により、譲渡対象資産をその所在する場所において引き渡したものとする。

第3条（事業譲渡代金）

本件事業譲渡代金は、＊＊円（税別）とし、一切の増減額をしない。

第4条（譲渡対象契約）

譲渡対象契約の承継は、譲渡人の契約上の地位の移転、又は、譲受人による新たな契約の締結（譲渡人による契約解除を前提とする。）をもって行われるものとし、譲渡人が譲受人に対し譲渡対象契約の契約上の地位の移転の方法により譲渡対象契約を承継させようとする場合、譲渡人は、当該契約の相手方に対し、同意を得るための申し出を行う。

2　譲渡対象契約に関する契約上の地位の移転又は新契約の締結について当該契約の相手方に対し承諾料その他の支払が必要な場合、その支払は譲受人の負担とする。

3　譲渡対象契約の全部又は一部につき、譲渡人が譲受人に対し契約上の地位の移転をすることができず、かつ、譲受人が新契約の締結をできないとしても、譲渡人は譲受人に対し何らの責任も負わず、また、本件事業譲渡代金は減額されない。

第5部　参考書式　189

第5条（従業員）

　譲渡人は、譲渡実行日時までに、譲渡人の責任において、譲渡人の従業員（正社員・アルバイト・パートタイマーの区別を問わない）の全員の雇用契約を終了させる。

2　譲受人は、譲渡人の従業員のうち、譲受人による雇用を希望する者全員を雇用し、従業員の非違行為その他正当な理由がある場合を除き、その雇用を継続する。

第6条（取引関係の維持）

　譲受人は、譲渡人がこれまで本件事業を遂行するにあたり取引をしてきた事業者との長期的かつ継続的な取引関係を本件事業譲渡後も尊重し、可能な限りこれを承継する。

第7条（譲渡実行日時）

　本契約の規定に従い本件事業譲渡が実行される日時（以下「譲渡実行日時」という。）は、令和＊年＊月＊日又は譲渡人と譲受人が協議の上決定する日の譲渡人の営業終了時とする。

第8条（許認可等）

　譲受人は、本件事業の遂行に必要とされる許認可の取得及び届出等に関する手続を、自己の責任と費用において行い、必要がある場合には、譲渡人は譲受人に対し合理的な範囲の協力を行う。

第9条（公租公課の負担）

　譲渡対象資産に係る公租公課は、譲渡実行日時が属する日までのものについては譲渡人が、譲渡実行日時が属する日の翌日以降のものについては譲受人が、それぞれ負担する（1年365日の日割計算とする）。負担額算定における起算日は、令和＊年＊月＊日とする。

2　譲渡人及び譲受人は、前項に規定する公租公課に関する各自の負担額が確定した後、適用法令に従い負担額以上の支払を行うこととなる当事者から他方当事者への請求に基づき、譲渡人及び譲受人の間で別途合意する方法により精算する。

第10条（譲渡人の解除権）

　以下のいずれかに該当する事由が発生したときは、譲渡人は、本契約を解除すること

ができる。

(1) 譲受人について、破産手続、再生手続、会社更生手続又は特別清算手続の開始の
申立があったとき。

(2) 譲受人が銀行取引停止処分を受け、その他譲受人の信用状態が著しく悪化し、本
契約の履行の見込みがないと合理的に認められるとき。

(3) 譲受人が本契約に違反し、譲渡人がその是正を催告したにもかかわらず、譲受人
が10日以内に当該違反を是正しないとき。

(4) その他前各号に準ずる事由が生じたとき。

第11条（譲受人の解除権）

譲渡人が本契約に規定された譲渡人の義務に違反し、当該違反により本件事業の重要
部分の譲渡ができない場合において、譲受人がその是正を催告したにもかかわらず、10
日以内に譲渡人が当該違反を是正しないとき、譲受人は、本契約を解除することができ
る。

2　本条に基づき本契約が解除された場合においても、譲受人は譲渡人に対し、譲渡人に
故意又は重過失がある場合を除き、理由の如何を問わず損害賠償請求をすることはでき
ない。また、譲渡人が賠償すべき損害の範囲には、特別損害、間接損害、逸失利益を含
まず、譲渡実行日時までに譲受人が本契約の締結に関し直接かつ現実に生じた費用を上
限とする。

第12条（不可抗力）

本契約締結日以降譲渡実行日時までの間に、天災地変、戦争、感染症の蔓延その他不
可抗力により、譲渡対象資産に重大な変動が生じたときは、譲渡人及び譲受人は協議の
上、譲渡代金の変更を含め本契約の条件を変更することができ、本契約の条件の変更で
は解決できない事態が生じた場合には、譲渡人又は譲受人は本契約を終了させることが
できる。

第13条（反社会的勢力の排除）

譲受人は譲渡人に対し、以下の事項を確約する。

(1) 反社会的勢力（暴力団、暴力団員、暴力団員でなくなった時から５年を経過しない
者、暴力団準構成員、暴力団関係企業、総会屋、社会運動等標ぼうゴロ、特殊知能暴

第５部　参考書式　191

力団その他これらに準ずる者をいう。）と次の関係を有していないこと。

　ア　自らもしくは第三者の不正の利益を図る目的、又は第三者に損害を与える目的を
もって反社会的勢力を利用していると認められる関係

　イ　反社会的勢力に資金等を提供し、又は便宜を供与するなど反社会的勢力の維持、
運営に協力し、又は関与している関係

(2)　自らの役員（取締役、執行役、執行役員、監査役、相談役、会長その他名称の如何
を問わず、経営に実質的に関与している者をいう。）が反社会的勢力でないこと及び
反社会的勢力と社会的に非難されるべき関係を有していないこと。

(3)　反社会的勢力に自己の名義を利用させ、本契約を締結するものでないこと。

2　譲受人が前項の確約に反することが判明した場合、譲渡人は、何らの催告を要せずし
て、本契約を解除することができる。

第14条（責任の不存在）

　譲受人は、本件事業について独自の調査を行うものとし、譲渡人は、譲受人による本
件事業に関し一切の表明及び保証をしない。

2　譲渡人は、本契約に譲渡人の義務として明示的に規定されたものを除き、本件事業、
譲渡対象資産及び譲渡対象契約につき、その存在、内容、性状、機能、品質及び有効性
等に関する一切の表明及び保証をせず、契約不適合責任を含め一切の法的責任を負担し
ない。

第15条（表明・保証）

　譲受人は、譲渡人に対し、以下の事項を表明し保証する。

(1)　本契約締結日において、譲受人が適法に設立され、有効に存在し、その事業を遂行
するために必要な権利能力を有していること。

(2)　本契約の締結及び履行が譲受人の権利能力の範囲内であること。

(3)　譲受人は、本契約の締結及び履行について、譲受人に適用される法令上又は社内規
則上必要とされる一切の手続を履践していること。

2　譲渡人は、譲受人に対し、以下の事項を表明し保証する。

(1)　本契約締結日において、譲渡人が適法に設立され、有効に存在し、その事業を遂行
するために必要な権利能力を有していること。

(2)　本契約の締結及び履行が譲渡人の権利能力の範囲内であること。

192　第5部　参考書式

⑶　譲渡人は、本契約の締結及び履行について、譲渡人に適用される法令上又は社内規
則上必要とされる一切の手続を履践していること。

第16条（裁判管轄）

本契約に関する一切の紛争については、＊＊地方裁判所を第一審の専属的合意管轄裁
判所とする。

第17条（譲渡禁止）

本契約の契約上の地位及びこれに基づく権利義務は、相手方の書面による事前の同意
が得られた場合を除き、他の第三者に譲渡、担保設定その他一切の処分をすることがで
きない。

第18条（費用負担）

譲渡対象資産の移転に伴い発生する登録免許税・登記費用・登録費用その他の費用は
全て譲受人の負担とする。

2　前項のほか、本件事業譲渡に関連して各当事者に発生する費用は、本契約に別段の定
めがない限り、各当事者が負担する。

第19条（協議事項）

本契約の解釈又は履行について疑義が生じた場合、譲渡人及び譲受人は、信義誠実の
原則に従い、協議の上円満に解決を図る。

本契約成立の証として、本契約書2通を作成し、各当事者が署（記）名押印の上、各自
2通を保持する。

令和　　年　　月　　日

譲渡人：

譲受人：

第5部　参考書式　193

【One Pointアドバイス】

この契約書もあくまで一例ですので、個別具体的な事案に応じて、契約書の文言や規律の内容等を調整し（例えば、表明保証や補償に関する条項も事業譲渡契約書に必須というわけではありません。）、事案に適した契約書となるよう心がけましょう。

なお、譲渡対象は別紙を作って列記する場合もありますが、譲渡対象となる資産や承継する契約等に過不足が生じないように弁護士も必ずチェックするようにしましょう。

【書式8】 株主総会議事録

臨時株主総会議事録

1　日時　令和＊年＊月＊日（＊曜日）午前＊時～午前＊時＊分

2　場所　大阪府・・・本社会議室

3　出席取締役及び監査役

　(1)　取締役　　A、B、CおよびD計＊名（取締役総数＊名）

　(2)　監査役　　E1名（総数＊名）

4　議長　代表取締役社長A（定款第＊条による）

5　出席株主数および議決権数

　　議決権を行使することができる株主の数　　　　　　　　＊名

　　その議決権数　　　　　　　　　　　　　　　　　　　＊＊個

　　本日出席の株主数（議決権行使書によるものを含む）　　＊名

　　その議決権数　　　　　　　　　　　　　　　　　　　＊＊個

6　議事の経過の要領およびその結果

　　定刻、代表取締役社長Aは、定款第○条の定めに基づき議長となり、出席株主数及び
　　その議決権の数が議案を審議できる要件をみたしている旨を告げ、開会の旨を宣し
　　た。

【決議事項】

　第1号議案　当社の株式会社＊＊に対する事業の重要な一部の譲渡契約承認の件

　　議長より本議案を付議し、当社の＊＊部門を株式会社＊＊に譲渡したい旨、事業譲渡
　を行う理由、事業譲渡の内容は別紙参考書類記載のとおりであることについて説明した
　うえで、事業譲渡契約の承認を議場に諮ったところ、出席株主の議決権の3分の2以上
　の賛成を得たので、本議案は原案のとおり承認可決された。

　　以上ですべての株主総会の議事が全て終了したので、議長は、午前＊時＊分閉会を宣
　した。

　上記の議事の経過の要領およびその結果を明確にするため、代表取締役が本議事録を作

第5部　参考書式　195

成し、記名押印する。

　　　　　　　　　　　　令和＊年＊月＊日

　　　　　　　　　　　　　　代表取締役Ａ　　　印

　　添付資料：《略》

【書式9】 同意書

同意書

令和＊年＊月＊日

株式会社＊＊御中

　当社は、株式会社＊＊（譲受人）が、株式会社▲▲（譲渡人）と当社との間の＊年＊月＊日付＊＊契約及び同契約により発生した一切の債権債務を承継することにつき、同意します。

所在地

法人名　　　　　　　印

【One Pointアドバイス】

対象事業に関する債権債務を承継するには、その発生原因となる契約等の相手方の同意が必要となります。同意書を取得するタイミングはなるべく事業譲渡の実行前（クロージング前）が好ましいですが、時間的な制約等により事後的な取得になることもあり得ますので、個別具体的な事案に応じて臨機応変に対応する姿勢が肝要です。

第5部　参考書式　197

【書式10】取引先挨拶状

お取引先様　各位

事業の承継に関するご挨拶

拝啓　時下ますますご清栄のこととお慶び申し上げます。

　さて、Ａ株式会社は、令和＊年＊月＊日付で株式会社Ｂとの間で事業譲渡契約を締結し、株式会社ＢがＡ株式会社の［全］事業を承継することとなりました。これに伴い、令和＊年＊月＊日（＊）以降は、株式会社Ｂにて、これまでと同様にお取引を継続させていただき、事業譲渡日である令和＊年＊月＊日までにＡ株式会社との間で発生している債権債務も株式会社Ｂが承継することとなります。

　これまでのＡ株式会社に対する永年に亘るご厚情に感謝申し上げると共に、株式会社Ｂに対して、これまでと同様のお引き立てを賜りたく、謹んでお願い申し上げます。

敬具

令和＊年＊月吉日
＊＊県＊＊市＊＊＊＊　　　　　＊＊県＊＊市＊＊＊＊
　　Ａ株式会社　　　　　　　　　　株式会社Ｂ
　　代表取締役　・・・　　　　　　代表取締役　・・・

【書式11】従業員向け説明文書

従業員の皆様

株式会社＊＊＊＊

代表取締役＊＊＊＊

ご　説　明

1　破産手続について

　　破産手続とは、会社の保有する財産によっても会社の負債を支払っていく見込みがた

たないため、裁判所によって選任された破産管財人が、会社の保有する財産を処分し、

その金銭の範囲で法律上の優先順位にしたがって支払をする手続です。

　　破産手続開始決定が出されると、会社の社長、取締役、役職者は全ての権限を失い、

会社の店舗及びあらゆる財産は破産管財人が管理することになります。そのため、破産

手続開始決定後は、破産管財人の許可又は指示がない限り、会社の財産について一切の

処分等を行うことができませんので、ご留意ください。

2　従業員の皆様との雇用関係について

　　令和＊年＊月＊日をもって、会社都合により、全員解雇となります。これまでの間、

当社の業務にご尽力を賜りましたこと、改めて厚く御礼申し上げます。なお、解雇予告

手当についても、令和＊年＊月＊日付けで、＊日分**【注：解雇予告手当の全額の支払が**

困難な事案を想定した起案例です。】を皆様の給与振込口座に送金する予定です。

　　また、一部の方につきましては、破産管財人の業務を補助していただくことを別途お

願いさせていただく可能性があります。破産管財業務が円滑に進行しなければ、皆さま

に対する未払賃金の立替払いも含めて遅滞することになりかねませんので、ご協力のほ

どよろしくお願いいたします。なお、この場合の雇用条件等につきましては、破産管財

人から別途提案されることになります。

3　未払賃金

(1)　月給（令和＊年＊月＊日以降＊月＊日（退職日）までの給与及び割増賃金）、解雇

　　予告手当の一部、賞与その他一切については、大変申し訳ございませんが、現在の会

　　社の資金状況から、従業員の皆様へお支払いをすることができません。皆様の未払賃

第5部　参考書式　199

金の額は、おって破産管財人の指示のもと会社の責任者又は各店の店長から従業員の皆様に連絡される予定です。

(2) 未払の月給については、未払賃金立替払制度の利用により、独立行政法人労働者健康安全機構（以下「機構」といいます。）の審査の上、最大8割相当額の支払を国から受けられます。但し、後掲のとおり、退職日における年齢によって立替払を受けられる金額に上限があります。

(3) 法律上、未払賃金は、取引先への債務や金融機関からの借入金などの一般債権よりも優先しますが、破産手続の中で弁済されるかどうか、される場合でも金額やその時期は、破産管財人による管財業務の状況によることとなります。

4　未払賃金立替払制度

未払賃金立替払制度は、企業の倒産によって毎月の賃金が支払われないまま退職した労働者に対し、その未払賃金の一部を国が事業主に代わって立替払いする制度です。

立替払の対象となる未払賃金は、未払の定期賃金（毎月支給される給料等のうち基本給及び各種手当等の定期に支給される賃金）のうち、退職日の6か月前から立替払請求の前日までの期間の合計額の8割相当額（ただし、次表のとおり上限額があります。）で、機構によって支払がなされます。

【立替払の上限】

退職日における年齢	未払賃金等の総額（①）	立替払上限金額 （①の80%相当額）
45歳以上	370万円	296万円
30歳以上45歳未満	220万円	176万円
30歳未満	110万円	88万円

未払賃金立替払制度を利用するためには、破産管財人から未払賃金の証明を受ける必要がありますので、従業員の皆様の未払賃金の額・金額の計算に必要な情報、資料等は直ちに会社から破産管財人に引き継がせていただきます。

未払賃金の立替払金については、後日、破産管財人の指示のもと会社の責任者又は各店の店長から、立替払制度の利用に関する手続と併せて皆様にご案内させていただくことになりますので、ご確認をお願い申し上げます。

機構による立替払の手続の概要は以下のとおりです。次の参考ウェブサイトもご覧く

ださい。

【参考ウェブサイト（独立行政法人労働者健康安全機構）】

https://＊＊＊＊＊＊＊＊＊＊＊＊＊＊＊＊＊＊＊＊＊＊＊

① 未払賃金額の計算

　　破産管財人の指示のもと会社の責任者において皆様の未払賃金を計算し、「未払賃金の立替払請求書・証明書」に未払賃金の額等を記載の上、皆様の自宅（会社に届け出ている住所）宛てに郵送します。

② 申請書への記入

　　破産管財人の指示のもと会社の責任者から送付された「未払賃金の立替払請求書・証明書」の未払賃金額等をご確認の上、太枠内に記入していただきます。

③ 提出

　　記入済みの書類を、会社担当者を通して破産管財人においてとりまとめ、機構に提出いたします。

④ 振込み

　　機構の審査後、請求書に記載した口座へと振込みがなされます。なお、機構による立替払金額と未払賃金との差額については、破産手続の中で処理されます。

5　解雇予告手当

　　解雇予告手当（残り＊日分）は、未払賃金立替払制度の対象とされておりませんので、国による立替払はありません。解雇予告手当の処理は、破産管財人による管財業務の状況や処理方針によることとなりますので、現時点で確定的なご案内をすることができません。

6　未精算の立替経費

　　会社に対する立替経費は、＊月＊日までに申請いただいたものを＊＊日に着金予定として支払の手続をしております。

7　社会保険関係一般

(1)　社会保険（健康保険、雇用保険及び厚生年金保険）の資格喪失日は令和＊年＊月＊日付けです。

(2)　離職票、源泉徴収票、年金手帳、厚生年金基金加入者証及び雇用保険被保険者証

第5部　参考書式　201

は、原則として自宅宛てに郵送します。

8　健康保険

(1)　健康保険の手続

①　ご家族の加入する健康保険の被扶養者となる

　　ご家族が他の健康保険に加入しており、その家族の被扶養者となるための要件を満たす場合には、被扶養者として当該健康保険に加入できます。詳しくはご家族の加入する協会けんぽ又は健康保険組合にお問い合わせください。

②　任意継続被保険

　　これまでの健康保険の被保険者期間が2か月以上あった場合には、任意継続被保険者制度を利用することで、引き続き2年間は個人で被保険者になることができます。その場合、退職後20日以内に、加入していた健康保険組合に対して、任意継続被保険者資格取得申請書を提出して手続を行ってください。

【ご参考（任意継続の申請書)】

https://＊＊＊＊＊＊＊＊＊＊＊＊

③　国民健康保険

　　上記①・②以外の場合には、退職後14日以内に、健康保険資格喪失証明書又は離職票と印鑑をもって住所地の市区町村役場に行き、国民健康保険加入の手続をしてください。詳しくは、住所地の市区町村役場にお問い合わせください。また、失業を理由とする国民健康保険料の減免が認められる場合もありますので、併せてお尋ねください。

9　雇用保険

　転職予定が立たない方など、いったん離職される方はハローワークで失業給付を受けられます。また、離職理由は「会社都合」となります。

【失業給付の受給手続】

　後日会社から送付される離職票をハローワークに持参し、求職の申し込みをしてください。前述の離職票提出と求職の申込みを行った日から7日間「失業状態」の日が続いた場合に給付を受けることが可能となります。申込みの8日後から支給の対象となります。一般的に必要とされる書類は、以下のとおりですが、詳細はハローワークのウェブサイトをご参照ください。

・雇用保険被保険者離職票（－1、－2）

・個人番号確認書類（いずれか1種類）

　マイナンバーカード、通知カード（原本）、個人番号の記載のある住民票（住民票記載事項証明書）

・身元（実在）確認書類（(1)のうちいずれか1種類（(1)の書類をお持ちでない方は、(2)のうち異なる2種類（コピー不可）））

　(1)　運転免許証、運転経歴証明書、マイナンバーカード、官公署が発行した身分証明書・資格証明書（写真付き）等

　(2)　公的医療保険の被保険者証、児童扶養手当証書等

・写真（最近の写真、正面上半身、縦3.0cm×横2.4cm）2枚

・本人名義の預金通帳又はキャッシュカード

【ご参考（ハローワークインターネットサービスのサイト）】

https://＊＊＊＊＊＊＊＊＊＊＊＊

10　厚生年金

　　転職予定が立たない方や、社会保険非加入となる方は、国民年金への加入手続をとってください。詳細は、それぞれ異なりますので、日本年金機構のウェブサイトもご覧いただき、手続を確認してください。

　　【ご参考（日本年金機構のウェブサイト）】

　　https://＊＊＊＊＊＊＊＊＊＊＊＊

11　貸与品・備品・会社の業務に関するデータ

　　社員の皆様への貸与物について、どなたが、何を所持されているについての情報を整理したく思いますので、ご協力をお願いいたします。最終的な返却方法については、会社担当者又は破産管財人から別途指示がございます。会社資産の持ち出しは罰せられる可能性があるのでご注意ください。

　　また、私用パソコンで会社の業務をされていた方々におかれましては、そのデータが今後破産管財人による管財業務の遂行に必要となる場合には、そのデータの保存・移転にご協力をいただくことがありますので、削除されませんようお願いいたします。

12　私物の回収

本日以降、店舗に自由におはいりいただくことができず、店舗に入るには破産管財人の許可が必要となります。店内に置いている私物については、別途、破産管財人の指示のもと会社の責任者又は各店の店長から皆様に返却する日程をご連絡することになります。また、パート・アルバイトの皆様へも同様のアナウンスをする予定です。

13　破産管財業務へのご協力のお願い
　従業員の皆様におかれましては、破産管財人から協力を求められた場合には、何卒ご協力のほどお願いいたします。

以上

【One Pointアドバイス】
本説明資料は従業員の承継が困難な場合を想定し、かつ、比較的詳細に作成していますが、一部の方のみ承継され、残りの方は解雇もやむを得ない事案など実際の事例はさまざまです。何を、いつ、どこまで説明するのか、といった点も事案によって臨機応変に検討する必要があります。
参考となるウェブサイトのアドレスを掲げた箇所には、二次元コードを別途添付するのも一考でしょう。

204　第5部　参考書式

【書式12】 担保解除依頼書

＊年＊月＊日

＊＊＊＊銀行　御中

株式会社＊＊＊＊

代表取締役＊＊＊＊

＊＊＊＊担保解除のご相談

拝啓　時下益々ご清祥のこととお喜び申し上げます。

　さて、ご高承のとおり、当社は、世界的な景気後退の影響による受注の減少に加え、昨今の急激な原材料価格の高騰により、厳しい経営状況が続いておりました。この間、遊休資産の売却や人員削減等の経費削減策を実行しましたが、経営状況は改善せず、資金繰りも極めて厳しい状況となっておりました。そのため、当社は、本年＊月頃から、スポンサーよる支援の下での事業の再建を図るべく、数か月前より、スポンサー探索を行ってまいりました。

　今般、＊＊株式会社（以下「本件スポンサー」といいます。）より、当社が営むすべての事業を金＊＊＊＊円（以下「本件事業譲渡対価」といいます。）で譲り受けたいとの申込みを受けました。当社事業の譲り受けを希望する会社が本件スポンサー１社のみであることや、本件スポンサーが承継を希望する当社資産の評価額を踏まえても本件事業譲渡対価は適正と考えられることから、当社としては、本件事業譲渡対価により当社事業を本件スポンサーに対し、本年＊月＊日頃までに譲渡したいと考えております。

　本件スポンサーが承継を希望する承継対象資産には、貴行が根抵当権を設定している当社の本社不動産（以下「本件不動産」といいます。）も含まれているところ、本件スポンサーから支払われる本件事業譲渡対価のうち、本件不動産の担保評価額に相当する金＊＊＊＊円（添付不動産鑑定書ご参照）を貴行に対してお支払いすることにより、本件不動産の担保解除をお願いしたく存じます。

　何卒、ご検討いただきますようお願いいたします。

敬具

第５部　参考書式　205

【書式13】 裁判所事前相談メモ

令和 年 月 日

＊＊地方裁判所 第＊民事部 ＊＊係　御中

＊＊県＊＊市＊＊＊＊＊
＊＊法律事務所
弁護士　＊＊＊＊
電　話　＊＊－＊＊＊＊－＊＊＊＊
ＦＡＸ　＊＊－＊＊＊＊－＊＊＊＊

事前相談メモ

　当職は、別紙のとおり、貴庁に対し、破産手続開始の申立てを行う予定ですが、その概要をご説明するとともに、諸事項についてご相談したく、事前相談メモをお送りいたします。

　ご多用のところ恐縮ですが、早急に御庁及び破産管財人または保全管理人候補者との面談の機会を頂戴したく、ご確認・ご調整いただきますようお願いいたします。なお、当職の希望日時は、以下のとおりです。

＊月＊日（＊）午前＊時＊＊分〜午後＊時＊＊分
＊月＊日（＊）午前＊時＊＊分〜午後＊時＊＊分
＊月＊日（＊）午前＊時＊＊分〜午後＊時＊＊分

〈添付書類〉

1　＊＊＊＊

2　＊＊＊＊

3　＊＊＊＊

4　＊＊＊＊

（別紙）

1　債務者について

(1)　基礎情報

　　社　　　　名　＊＊＊＊

　　本店所在地　＊＊＊＊＊＊＊＊

　　設　立　日　＊年＊月＊日

　　役　　　　員　代表取締役　＊＊＊＊

　　取　締　役　＊＊＊＊

　　監　査　役　＊＊＊＊

　　事 業 内 容　＊＊＊＊＊＊＊＊

　　資　本　金　＊＊＊＊円

(2)　事業の拠点

　　本　　　店　＊＊＊＊＊＊＊＊（所有）

　　支　　　店　＊＊＊＊＊＊＊＊（賃貸）

(3)　労働者

　　正　社　員　＊＊名

　　アルバイト　＊＊名

　　（※給与は毎月＊日締め＊日払）

2　経営状況・資金繰り

　　＊＊＊＊＊＊＊＊＊＊＊＊＊＊＊＊

3　債務について

(1)　金融債務

　　＊＊銀行、＊＊信用金庫（合計＊円）。

　　担保物権なし。

(2)　一般債務

　　賃料、リース、仕入代など約＊社。

(3)　労働債務

　　＊年＊月＊日付けで全従業員を解雇。

　　解雇予告手当及び未払賃金を＊月＊日に支払予定（一部の未払賃金・退職金は、立替払制度の利用を想定）

第5部　参考書式　207

⑷　公租公課

　　法人税、社会保険料等（合計＊円）。

4　今後の予定

　　破産者の事業の一部を、＊＊株式会社（本店：＊＊、代表者＊＊。）に対して譲渡すべく交渉中。＊月頃に破産手続開始の申立てを行う予定。

5　ご相談事項

　　資金繰りが逼迫しており、事業価値の毀損を避けるべく、早急に事業譲渡を実行する必要がある。しかし、スポンサーである＊＊株式会社が破産手続開始後に事業譲渡について否認権が行使される可能性を懸念していることもあり、譲渡対価等について予めご相談させていただきたい。なお、この点については、＊＊株式会社も了承済みである。

以上

【One Pointアドバイス】

掲載したものはあくまで一例であり、形式にこだわる必要はありません。裁判所及び破産管財人（保全管理人）候補者へ相談したい事項を明記し、かつ、申立代理人として想定する事案の進め方も明記して（くれぐれも判断や検討を裁判所・破産管財人候補者に任せてしまうような相談資料にならないようにしましょう。）、資料も可能な限り提供して具体的な検討が可能な相談資料とすることが肝要です。

【書式14】 事業譲渡に関する報告書

債務者 ＊＊＊＊＊＊＊

事業譲渡に関する報告書

＊年＊月＊日

＊＊地方裁判所第＊民事部　御中

申立代理人弁護士　＊＊＊＊

　破産申立て前に債務者が＊＊株式会社との間で締結した＊年＊月＊日付事業譲渡契約書に基づいて行った事業譲渡（以下「本件事業譲渡」という。）について、以下のとおり報告いたします。

1　本件事業譲渡の経緯及び内容

　　債務者は、従前、＊＊事業（以下「本件事業」という。）を営んでいたところ、同事業を、＊年＊月＊日をもって、＊＊に対して、事業譲渡対価＊＊＊＊円で譲渡した。本件事業譲渡は、…という経緯等を踏まえ、本件事業を廃止するよりも、事業譲渡先において事業を存続させ、従業員の雇用を維持し、さらには破産財団の可及的増殖を図ることが望ましいと判断して実施したものである。

2　本件事業譲渡対価の相当性

　　本件事業譲渡にあたっては、譲渡対価の相当性を確保するため、・・・・・・。

　　具体的には、・・・・・・を踏まえ、譲渡対価を＊＊＊＊円と決定した。

　　以上のとおり、本件事業譲渡の譲渡対価は、・・・・・・という理由から、対価として相当であり、債権者を害するものではない。

3　＊＊＊＊

　　・・・・・・

第5部　参考書式　209

添付資料
1　事業譲渡契約書
2　・・・・・・

以上

【One Pointアドバイス】

破産申立前の事業譲渡について詐害行為否認（破産法160条）がなされることのないよう、譲渡対価の相当性（適正性）については、可能な限り資料を揃えておき、破産裁判所及び破産管財人／保全管理人（候補者）に具体的に説明できるよう、準備を整えながら進めることが望ましいでしょう。

おわりに

「事業再生と債権管理」173号（2021年7月5日号）から始まった連載は、約2年にわたりました。すべてがコロナ禍での連載でしたが、この連載をもとに大幅加筆し書籍化したいま、ウィズコロナ・アフターコロナの時代においては、まさに破産申立前の事業譲渡が大きな選択肢となると思われます。

何度も指摘することになりますが、まずは、事業譲渡は、平常時から倒産時まで切れ目なく行われるもので、事業譲渡と破産の組み合わせは何も特別な場面ではないことを認識する必要があると思います。

そして、本書では、申立代理人に向けて「合理的な説明がつくよう行動しよう」と呼びかけてきました。スポンサー選定と対価の決定については、もちろん幅のある話であって、一義的に決まるものではありませんので、事案ごとに、申立代理人は、自らが破産管財人であったらどう考えるか、という視点も考慮して判断・行動し、それを報告書にまとめ、破産管財人による事後検証を受けることになります。事後検証を行う破産管財人の立場に向けても、色眼鏡で何でも疑ってかかるスタンスではないことを指摘してきました。

最終的に破産を選択せざるを得ない場合であっても、事業の再生は可能である、事業再生をあきらめない、というスタンスの共有が必要でしょう。また、これも一貫して述べてきましたが、「よい事業譲渡」は究極の「財産保全」だと考えています。もちろん、従前から問題視されていた濫用的な事業譲渡（やそれに近い処理）については、毅然とした対応が必要です。

本書は、破産申立前の事業譲渡という現実的な選択肢があることを真正面から受け止め、具体的に発信することを大切にしてきました。ただ、どうしてもグラデーションがありますので、「よい事業譲渡」「普通の事業譲渡」「許容される事業譲渡」まではよいとしても、濫用的な事業譲渡（やそれに近い処理）については、個別事案において破産管財人が毅然とした対応を取り続けることだろうと思います。

これからも情報発信を続け、感覚の共有とよりよい実務の実現に向け、執筆者一同精進したいと思います。

事 項 索 引

◆あ

挨拶状‥‥‥‥‥‥‥‥‥‥56,198
明渡費用‥‥‥‥‥‥‥‥‥‥32,160
意見聴取手続（労働組合）‥‥‥‥116
意向表明書‥‥‥‥‥‥179,180,186
萎縮効果‥‥‥‥‥‥‥49,100,169
移転登録‥‥‥‥‥‥‥‥‥138,147
違約金条項‥‥‥‥‥‥‥‥‥‥134
M＆A仲介‥‥‥‥‥‥‥‥‥‥‥81
Xデー（事業停止日）‥‥‥‥36,119

◆か

解雇予告手当‥‥‥‥‥‥82,115,130
会社分割‥‥‥‥‥‥‥‥‥‥‥89
価額償還請求‥‥‥‥‥‥‥‥‥100
割賦物件‥‥‥‥‥‥‥‥‥‥‥130
株主総会議事録‥‥‥‥‥‥‥‥195
株主総会特別決議
　‥‥‥‥‥‥‥‥80,91,93,140,141
期限の利益‥‥‥‥‥‥‥‥‥‥110
キャッシュフロー‥‥‥‥‥‥‥‥23
共同研究開発‥‥‥‥‥‥‥‥‥147
共有の知的財産権‥‥‥‥‥138,147
許認可‥‥‥‥‥‥‥‥‥‥55,126
許認可の承継‥‥‥‥‥‥‥‥55,66
拒否権条項‥‥‥‥‥‥‥‥‥‥148
クラウドサーバー‥‥‥‥‥‥‥146
クロージング‥‥‥‥‥110,142,158
経営者保証ガイドライン‥‥‥5,42,164
契約不適合責任‥‥‥‥‥‥‥‥107
原状回復費用‥‥‥‥‥‥‥133,159
行使時説‥‥‥‥‥‥‥‥‥101,102
効力発生要件‥‥‥‥‥‥127,138,147
個人事業者‥‥‥‥‥‥‥‥‥‥123

個人情報‥‥‥‥‥‥‥‥‥‥‥93
固定資産評価‥‥‥‥‥‥‥‥‥96

◆さ

債権者平等‥‥‥‥‥‥‥‥‥‥98
債権者保護手続‥‥‥‥‥‥89,90
再生型私的整理‥‥‥‥‥‥‥‥163
財団債権‥‥‥‥‥‥‥‥‥‥‥96
詐害行為否認‥‥‥‥‥‥‥99,153
差押禁止財産‥‥‥‥‥‥‥‥‥124
暫定リスケ（プレ再生支援）‥‥‥‥16
敷金‥‥‥‥‥‥‥‥‥‥‥24,133
事業価値‥‥‥‥‥‥‥‥‥‥‥23
事業価値の算定‥‥‥‥‥‥‥‥23
事業価値評価書‥‥‥‥‥‥94,166
事業継続‥‥‥‥‥‥‥‥‥‥‥83
事業承継・引継ぎ支援センター
　‥‥‥‥‥‥‥‥‥‥‥15,85,145
事業譲渡許可（裁判所の許可）
　‥‥‥‥‥‥‥‥‥‥‥‥116,142
事業譲渡契約‥‥‥‥‥‥‥107,188
事業譲渡後の価値増加‥‥‥‥‥102
事業譲渡対価の適正性（相当性）
　‥‥‥‥‥‥‥‥‥‥‥94,97,105
事業譲渡等指針‥‥‥‥‥‥‥‥114
事業譲渡の手続‥‥‥‥‥‥‥‥8
事業用賃借物件‥‥‥‥‥‥‥‥109
資金繰り表‥‥‥‥‥‥‥‥174,176
資産譲渡‥‥‥‥‥‥‥‥‥‥‥91
自主再建‥‥‥‥‥‥‥‥‥‥‥88
事前協議条項‥‥‥‥‥‥‥‥‥115
事前説明（金融債権者）
　‥‥‥‥‥‥‥‥‥109,110,111
事前説明（従業員）‥‥‥‥‥‥114

事項索引　213

事前相談·········119,134,140,141,206
事前同意条項·····················116
実施許諾·························138
私的整理··························88
シナジー··························86
地主の承諾·······················135
借地上の建物·················80,135
従業員説明会·················34,110
従業員の承継·················112,113
従業員への事業承継················122
充当····························134
出店契約·························135
受任通知·························119
種類株主総会·················148,149
商号続用責任·······30,51,108,138
譲渡可能な事業の見極め············81
譲渡先の選定····················6,81
譲渡対価の適正性（相当性）·······7,73
承継対象資産・負債··········107,188
承諾に代わる許可··················135
承諾料·······················65,135
商標（商標権）·········66,67,137,138
初回相談··························78
所有権留保····················47,52
親族への事業譲渡（親族内承継）
···························122,152,161
水道光熱費（水道光熱に関する
　契約）·························136
スケジュール····················8,56
スタートアップ···············144,160
スポンサーとの交渉················67
スポンサーの選定··············85,86
スポンサーの探索·············85,144
清算価値······················49,96
清算価値との比較··············88,96
清算価値保障原則··········96,100,105
清算貸借対照表（清算BS）
···········18,21,22,46,96,177

清算配当率·················21,22,96
清算費用··························96
潜在債務·····················112,117
早期処分価格··········94,96,128,129
双方未履行··················134,142
ソースコード·····················146
即時解雇·························115
ソフトウェア·················145,160

◆た
第三者による取引先への弁済·······58
第三者対抗要件············119,120,147
第三者弁済················99,161,162
退職金······················112,130
第二次納税義務···············7,44,122
滞納公租公課···············18,82,152
滞納処分··························82
担保権者との交渉··············61,63
担保解除··········97,110,129,205
担保不動産の処理·················128
知的財産権の譲渡·················137
知的財産権の評価·················137
中小企業再生支援協議会→中小
　企業活性化協議会
中小企業活性化協議会··············12
中小企業退職金共済（中退共）
···························112,117
中小企業の事業再生等に関する
　ガイドライン（事業再生等ガ
　イドライン）·······145,159,163,165
著作権······················137,146
賃借不動産の明渡し···············133
賃貸人との交渉················61,70
手続選択·····················88,127
手続費用·····················97,130
デューディリジェンス（DD）
·····························7,179
転籍同意方式··················112,117

同意書·····················197	プログラムの著作物···········146
(納税者の)特殊関係者·······122,123	偏頗行為·············99,152,162
特定承継·····················90	保険·····················136
特許権·················138,145	保証金···················135
取引債務·····················98	保全管理················83,140
	保全管理人··············89,140

◆な
入札手続···············86,179	◆ま
入札要綱···············86,179	密行性············85,109,115
年金·····················117	未払賃金立替払制度·······115,200
ノウハウ·····················92	民事再生·····················88
	免責登記·············30,51,108
	無償行為···················102

◆は
廃業型私的整理···············163	◆や・ら・わ
破産管財人との協働(連携)	役員貸付金···················162
·················120,140	やめられない事業への対応·········83
破産管財人への引継ぎ···········38	有機的一体···················92
破産管財人による事業譲渡·····89,149	遊休資産···················82
破産手続併用型事業譲渡(破産	優先的破産債権···············96
局面における事業譲渡)	猶予制度(公租公課)···········156
·············88,140,149,153	預金凍結·············111,129
パソコン···················145	予納金···················130
一人親方···················124	ライセンス···················138
否認権の行使···············101	濫用的会社分割···············99
否認対象行為·················99	リース会社との交渉·············69
否認リスク·····················7	リース契約の承継·············64
秘密保持契約···············86,182	リース物件··········128,130,131
表明保証·····················29	リース物件の買取り·····64,69,97,131
ファイナンシャルアドバイザー	リース物件の引揚げ···········131
(FA)·············15,81,85	リース料債務············64,131
不動産鑑定·················63	履行選択················89,140
不動産業者による査定···········128	連帯保証·····················59
負の資産···················82	労働協約···················115
ブランド···················138	労働組合·············113,115,116
フリーキャッシュフロー(FCF)	労働組合等の意見聴取···········116
·····················23,94	労働契約承継法············89,114
プレ再生支援(暫定リスケ)·········16	

事項索引　215

ストーリーでみる破産事案における事業譲渡の実務

2025年3月28日　第1版第1刷発行

監修者　野　村　剛　司
発行者　加　藤　一　浩

〒160-8519　東京都新宿区南元町19
発 行 所　一般社団法人 金融財政事情研究会
編 集 部　TEL 03(3355)1758　FAX 03(3355)3763
販売受付　TEL 03(3358)2891　FAX 03(3358)0037
URL https://www.kinzai.jp/

印刷：三松堂株式会社

・本書の内容の一部あるいは全部を無断で複写・複製・転訳載すること、および
磁気または光記録媒体、コンピュータネットワーク上等へ入力することは、法
律で認められた場合を除き、著作者および出版社の権利の侵害となります。
・落丁・乱丁本はお取替えいたします。定価はカバーに表示してあります。

ISBN978-4-322-14507-6